中国传统节日

徐潜 主编

吉林文史出版社

图书在版编目（CIP）数据

中国传统节日／徐潜主编．—长春：吉林文史出版
社，2013.3（2023.7重印）
ISBN 978-7-5472-1486-2

Ⅰ.①中… Ⅱ.①徐… Ⅲ.①节日-风俗习惯-
中国-通俗读物 Ⅳ.①K892.1-49

中国版本图书馆CIP数据核字（2013）第062777号

中国传统节日
ZHONGGUO CHUANTONG JIERI

主　　编　徐　潜
副主编　张　克　崔博华
责任编辑　张雅婷
装帧设计　映象视觉
出版发行　吉林文史出版社有限责任公司
地　　址　长春市福祉大路5788号
印　　刷　三河市燕春印务有限公司
版　　次　2013年3月第1版
印　　次　2023年7月第4次印刷
开　　本　720mm×1000mm　1/16
印　　张　13
字　　数　250千
书　　号　ISBN 978-7-5472-1486-2
定　　价　45.00元

序　言

　　民族的复兴离不开文化的繁荣，文化的繁荣离不开对既有文化传统的继承和普及。该书就是基于对中国文化传统的继承和普及而策划的。我们想通过这套图书把具有悠久历史和灿烂辉煌的中国文化展示出来，让具有初中以上文化水平的读者能够全面深入地了解中国的历史和文化，为我们今天振兴民族文化，创新当代文明树立自信心和责任感。

　　其实，中国文化与世界其他各民族的文化一样，都是一个庞大而复杂的"综合体"，是一种长期积淀的文明结晶。就像手心和手背一样，我们今天想要的和不想要的都交融在一起。我们想通过这套书，把那些文化中的闪光点凸现出来，为今天的社会主义精神文明建设提供有价值的营养。做好对传统文化的扬弃是每一个发展中的民族首先要正视的一个课题，我们希望这套文库能在这方面有所作为。

　　在这套以知识点为话题的图书中，我们力争做到图文并茂，介绍全面，语言通俗，雅俗共赏。让它可读、可赏、可藏、可赠。吉林文史出版社做书的准则是"使人崇高，使人聪明"，这也是我们做这套书所遵循的。做得不足之处，也请读者批评指正。

编　者

2014 年 2 月

目 录

一、春　节　　　　　　　　　　／ 1

二、端午节　　　　　　　　　　／ 42

三、中秋节　　　　　　　　　　／ 78

四、重阳节　　　　　　　　　　／ 119

五、腊八节　　　　　　　　　　／ 165

春节

春节是中国民间最隆重最富有特色的传统节日，一般指除夕和正月初一，是一年的第一天，又叫阴历年，俗称"过年"。但在民间，传统意义上的春节是指从腊月初八的腊祭或者腊月二十三或二十四的灶祭，一直到正月十五，其中以除夕和正月初一为高潮。在春节期间，中国的汉族和很多少数民族都要举行各种活动以示庆祝。活动丰富多彩，带有浓郁的民族特色。

一、春节简介

我国是一个多民族聚居，农耕文明发达最早的国家。在长期的劳动生活中，人们总要在年终岁尾的时候，以各种形式抒发对劳动的热爱，表达获得丰收的喜悦。因此，春节期间的庆祝活动比起其他节日来形式更加多样，内容更为丰富多彩，具有特别浓郁的民族特色，同时也赋予了更多神秘和喜庆色彩。

春节俗称过年，民谣有："小孩儿，小孩儿你别哭，过了腊八就杀猪"；"小孩儿，小孩儿你别馋，过了腊八就是年"。这首民谣里讲到的过年的情景是从腊月初八开始的。在我国民间，传统意义上的春节是指从腊月初八的"腊祭"、腊月廿三或廿四的"祭灶"、腊月三十（除夕）一直到正月十五这个期间；而在广大农村，更是延长到了二月二才算过完年。

春节是汉族最重要的节日，满、蒙古、瑶、壮、白、高山、赫哲、哈尼、达斡尔、侗、黎等十几个少数民族也有过春节的习俗，只是过节的形式更有自己的民族特色，更韵味无穷。这些活动均以祭祀神佛、祈求丰年为主要内容。据《诗经》记载，每到农历新年，农民喝"春酒"、祝"改岁"，尽情欢乐，庆祝一年的丰收。到了晋朝，还增添了放爆竹的节目，即燃起堆堆烈火，将竹子放在火里烧，发出噼噼啪啪的爆炸声，使节日气氛更浓。春节在不同时代有不同的名称。先秦时叫"元日""改岁""献岁"等；两汉时期，又被叫为"三朝""岁旦""正旦""正日"；魏晋南北朝时称为"元辰""元日""元首""岁朝"等；到了唐、宋、元、明，则称为"元旦""元日""岁日""新正""新元"等；而清代，一直叫"元旦"或"元日"。

1911 年，辛亥革命推翻了清朝统治，为了"行夏历，所以顺农时；从西历，所以便统计"，各省都督府代表在南京召开会议，决定使用公历。

1911 年 12 月 31 日，中华民国湖北军政府在发布的《内务部关于中华民国改用阳历的通谕》中，把农历正月初一定为春节。至今，人们仍沿用"春节"这一习惯称呼。

1949 年 9 月 27 日，中国人民政治协商会议第一届全体会议进一步明确农历正月初一称为"春节"。"春节"正式列入中国节日法典。

2006 年 5 月 20 日，"春节"民俗经国务院批准，列入第一批国家级非物质文化遗产名录。

时至今天，有为数可观的华人的国家都将农历新年定为公共假期。中国内地，春节假期一般由除夕下午一直持续到初七或初八。

香港及澳门特别行政区，如果正月首 3 天中任何一天碰巧是星期日，大年除夕会被纳入公众假期。

台湾省除夕及正月首 3 天。若除夕或正月初一遇到星期六或星期日，则正月初四（及初五）补假。

二、春节传说

春节的由来，民间有许多传说。

相传在很久以前，当时节令的失常，影响到农业的生产，老百姓叫苦不迭。天子也很忧虑，他召集百官寻找节令失常的原因。节令官说是人们得罪了神灵造成的，要想节令正常，就得祭拜天神，请求宽恕。天子信以为真，带领百官去造坛祭祀天神，并诏谕天下，设台祭天。

有个以打柴为生的青年叫"万年"，他认为祭祀是徒劳的，于是决定一定要想出有效的办法把节令定准，但一时又不知从何着手。一天，他上山砍柴，休息时又想起节令的事来，遂苦思冥想，两眼望着树影直发呆。忽然，他从那移动的树影中受到启发。回到家里，他设计了一个专门测日影计天时长短的"日晷仪"。可是，当天气出现云阴雾雨时，这种方法就不灵了，怎么办呢？后来在山上打柴时，他到泉边喝水，山崖上的泉水有节奏地往下滴，引起了他的兴趣。回家后，他就动手做了五层漏壶，用漏水的方法来记时。就这样，他通过测日影、漏水记时的方法来计天时长短，慢慢地发现：每隔三百六十多天，天时的长短就会重复一次。最长的一天在夏至，最短的一天在冬至。

他带着自制的日晷仪和漏水器去见天子，讲明了节令失常的道理，并根据自己多年测定的结果，说明了冬至点，讲清日月运行的周期。天子听后，感到很有道理，于是就把万年留下，并在天坛前筑起日晷台、漏壶亭，又派十二个童子给万年服侍听用。

后来，天子派节令官向万年了解历法编制情况。万年拿出其编制的草历说："日出日落三百六，周而复始从头来。草木荣枯分四时，一岁月有十二圆。"时隔不久，一天，天子亲自登上日月阁看望万年。万年拿出自己多年研究的历法，向天子讲述了日月出现的规律及对星象的观察结果，当时正值星象复原，万年说：

"子时夜交，旧岁已完，时又始春，希望天子定个节吧。"天子说："你到这里已三年多了，呕心沥血，制出太阳历，劳苦功高啊！春为岁首，就叫春节吧。"

寒来暑往，春去秋来。万年经过长期观察，精心推算，终于把太阳历定准了。当他把太阳历献给天子时，天子见他满头白发，深为感动，就把太阳历命名为"万年历"。

关于春节的由来，民间一直亦有一个驱逐鬼怪的传说。

相传古时候有一种叫做"年"的怪兽，头长触角，凶猛异常。"年"长年深居海底，每到除夕才爬上岸，吞食牲畜、伤害人命。因此，每到除夕这天，村村寨寨的人们扶老携幼逃往深山，以躲避"年"兽的伤害。有一年除夕，从村外来了个乞讨的老人。乡亲们都恐慌地四处奔逃，只有村东头一位老婆婆给了老人些食物，并劝他快上山躲避"年"兽，那老人捋髯笑道：婆婆若让我在家待一夜，我一定把"年"兽撵走。老婆婆仍然继续劝说，乞讨老人笑而不语。半夜时分，"年"兽闯进村。它发现村里气氛与往年不同：村东头老婆婆家，门贴大红纸，屋内烛火通明。"年"兽浑身一抖，怪叫了一声。将近门口时，院内突然传来"砰砰啪啪"的炸响声，"年"浑身战栗，再不敢往前凑了。原来，"年"最怕红色、火光和炸响。这时，婆婆的家门大开，只见院内一位身披红袍的老人在哈哈大笑。"年"大惊失色，狼狈地逃跑了。

第二天是正月初一，避难回来的人们见村里安然无恙，十分惊奇。这时，老婆婆赶忙向乡亲们述说了乞讨老人的许诺。这件事很快在周围村里传开了，人们都知道了驱赶"年"兽的办法。从此，每年除夕，家家贴红对联、燃放爆竹；户户烛火通明、守更待岁。初一一大早，还要走亲串友、道喜问好。这风俗越传越广，成了中国民间最隆重的传统节日。到了清朝，放爆竹，张灯结彩，送旧迎新的活动更加热闹了。清代潘荣升在《帝京岁时记胜》中记载："除夕之次，夜子初交，门外宝炬争辉，玉珂竞响……闻爆竹声如击浪轰雷，遍于朝野，彻夜无停。"

以上两个传说，虽不足为据，但却为春节的来历增添了神话色彩。

三、春节习俗

围绕着春节，几千年来形成了许多风俗习惯。有些习俗，如接神、敬天等，明显带有迷信色彩。随着人们科学文化水平的提高，对自然界的一些现象有了科学的认识和理解，有些活动已逐渐被淘汰了，有的习俗被赋予了新的内容，如祭灶、扫尘、守夜、燃放鞭炮、张贴春联和年画、耍龙灯、舞狮等等，迄今仍在城乡广为盛行。

（一）腊月廿三（祭灶）

腊月廿三又称"小年"，是民间祭灶的日子。祭灶，是一项在我国民间影响很大、流传极广的习俗。过去，差不多家家灶间都设有"灶王爷"神位，人们称这尊神为"司命菩萨"或"灶君司命"。传说他是玉皇大帝封的"九天东厨司命灶王府君"，负责管理各家的灶火，作为一家的保护神而受到崇拜。

灶王龛大都设在灶房的北面或东面，中间供上灶王爷的神像。没有灶王龛的人家，也有将神像直接贴在墙上的。有的神像只画灶王爷一人，有的则有男女两人，女神被称为"灶王奶奶"。在河北省沧州一带，年年农历腊月，家家户户都从廿三这天一直忙到三十。三十晚上还要熬夜，叫做"守岁"。这个风俗，跟灶王奶奶有关系。

腊月廿三日的祭灶与过年有着密切的关系。因为，在一周后的大年三十晚上，灶王爷会带着一家人应该得到的吉凶祸福，与其他诸神一同来到人间。灶王爷被认为是为天上诸神引路的。其他诸神在过完年后再度升天，只有灶王爷会长久地留在人家的厨房内。

迎接诸神的仪式称为"接神"，对灶王爷来说叫做"接灶"。接灶一般在除夕，仪式要简单得多，到时只要换上新灶灯，在灶龛前燃香就可以了。

俗语有"男不拜月，女不祭灶"的说法。有的地方，女人是不祭灶的，据说，灶王爷长得像个小白脸，怕女的祭灶，有"男女之嫌"。对于灶王爷的来历，也有许多说法。在中国的民间诸神中，灶神的资格算是很老的。早在夏代，他已经是民间所尊奉的一位大神了。据古籍《礼记·礼器》孔颖达疏："颛顼氏有子曰黎，为祝融，祀为灶神。"《庄子·达生》记载："灶有髻。"司马彪注释说："髻，灶神，着赤衣，状如美女。"《抱朴子·微旨》中又记载："月晦之夜，灶神亦上天曰人罪状。"这些记载，大概是祭灶神的来源吧。还有，或说灶神是钻木取火的"燧人氏"；或说是神农氏的"火官"；或说是"黄帝作灶"的"苏吉利"；或说灶神姓张，名单，字子郭；众说不一。

祭灶节，民间讲究吃饺子，取意"送行饺子接风面"。山区多吃糕和荞面。祭灶节在民间流行吃"灶糖"，意为用黏性很大的灶糖封住灶神的嘴，让其上天言好事。

灶糖是一种麦芽糖，黏性很大，把它抽为长条形的糖棍称为"关东糖"，拉制成扁圆形就叫做"糖瓜"。冬天把它放在屋外，因为天气严寒，糖瓜凝固得坚实而里边又有些微小的气泡，吃起来脆甜香酥，别有风味。真关东糖坚硬无比，摔不碎，吃时必须用菜刀劈开，质料很重很细。口味微酸，中间绝没有蜂窝，每块重一两、二两、四两，价格也较贵一些。糖瓜分有芝麻的和没芝麻的两种，用糖做成甜瓜形或北瓜形，中心是空的，皮厚不及五分，虽大小不同，但成交仍以分量计算，大的糖瓜有重一二斤的，不过用作幌子。晋东南地区，流行吃炒玉米的习俗，民谚有"廿三，不吃炒，大年初一一锅倒"的说法。人们喜欢将炒玉米用麦芽糖黏结起来，冰冻成大块，吃起来酥脆香甜。

腊月廿三以后，家家户户都要贴春联。民间讲究有神必贴，每门必贴，每物必贴，所以春节的对联数量最多，内容最全。神灵前的对联特别讲究，多为敬仰和祈福之言，常见的有天地神联："天恩深似海，地德重如山"；土地神联："土中生白玉，地内出黄金"；财神联："天上财源主，人间福禄神"；井神联："井能通四海，家可达三江"。粮仓、畜圈等处的春联，则都是表示热烈的庆贺与希望，如"五谷丰登，六畜兴旺""米

面如山厚，油盐似海深""牛似南山虎、马如北海龙""大羊年年盛，小羔月月增"等等。另外还有一些单联，如每个室内都贴"抬头见喜"，门户对面贴"出门见喜"，旺火上贴"旺气冲天"，院内贴"满院生金"，树上贴"根深叶茂"等等。大门上的对联，是一家的门面，特别受重视，或抒情，或写景，内容丰富，妙语联珠。

（二）腊月廿四（扫尘）

"腊月二十四，掸尘扫房子"的风俗由来已久。据《吕氏春秋》记载，我国在尧舜时代就有春节扫尘的风俗。按民间的说法：因"尘"与"陈"谐音，新春扫尘有"除陈布新"之意，其用意是要把一切"穷运""晦气""倒霉"统统扫出门。这一习俗寄托着人们破旧立新的愿望和辞旧迎新的祈求。

扫尘的习俗，北方称"扫房"，南方叫"掸尘"。在春节前扫尘，是中华民族素有的传统习惯。每临春节，家家户户都要清洗家具，拆洗被褥，开展一次卫生大扫除，干干净净迎新春。

"帚"字已见于甲骨文。陕西出土的商周青铜器上，就有"子持帚作洒扫形"的铭文。可见，人们在几千年以前就用扫帚扫除了。《礼记》中有"凡内外，鸡初鸣……洒扫室堂及庭"的记事。这说明，人们在很早以前就知道污秽、尘垢与传播疾病有关。周书《秘奥造宅经》中也有"沟渠通浚，屋宇洁净，无秽气，不生瘟疫"的记载。有人认为，早在尧舜时代，我国人民就有了"扫年"（古代把春节大扫除称为"扫年"）的习俗。它起源于古代人民驱除病疫的一种宗教仪式。《吕览注》称："岁除日，击鼓驱疠疫鬼，谓之逐除。"后来，这种仪式逐渐演变为年终的卫生大扫除了。到了唐代，"扫年"之风盛行。"十二月尽……不论大小家，俱洒扫门闾，去尘秽，净庭户……以祈新岁之安。"

民谚云："廿四扫房屋，廿七、廿八贴花花。"就是说，从腊月廿四开始，到年终，均为"扫年"时间。"扫年"之风俗，反映了我国劳动人民爱清洁、讲卫生的传统。室外屋内，房前屋后，彻底进行打扫，干干净净迎新春。

（三）腊月三十（除夕）

除夕，是指每年农历腊月的最后一天的晚上，它与春节（正月初一）首尾相连。"除夕"中的"除"字是"去"的意思，除夕的意思是"月穷岁尽"，人们都要除旧布新，有旧岁至此而除、来年另换新岁的意思。在此期间的所有活动都围绕着除旧布新，消灾祈福为中心。

周、秦时期，每年将尽的时候，王宫里要举行"大傩"的仪式，击鼓驱逐疫疠之鬼，称为"逐除"。后又称除夕的前一天为小除，即小年夜；称除夕为大除，即大年夜。

1. 贴门神

我国各地过年都有贴门神的风俗。最初的门神是刻桃木为人形，挂在门的旁边，后来是画成门神人像张贴于门上。传说中的神荼、郁垒兄弟二人专门管鬼，有他们守住门户，大小恶鬼不敢入门为害。

然而，真正史书记载的门神，不是神荼、郁垒，而是古代一个叫做成庆的勇士。班固在《汉书·广川王传》中记载：广川王（去疾）的殿门上曾画有古勇士成庆的画像，短衣大裤长剑。到了唐代，门神的位置便被秦叔宝和胡敬德所取代。

《西游记》中叙述得更加详尽：泾河龙王和一个算卦先生打赌，结果犯了天条，罪该问斩。玉帝任命魏征为监斩官。泾河龙王为求活命，向唐太宗求情。太宗答应了，到了斩龙的时辰，唐太宗召魏征与之对弈。没想到魏征下棋时，打了一个盹儿，就魂灵升天，将龙王斩了。龙王抱怨唐太宗言而无信，日夜在宫外呼号讨命。太宗告知群臣，大将秦叔宝道：愿同胡敬德戎装立门外以待。太宗应

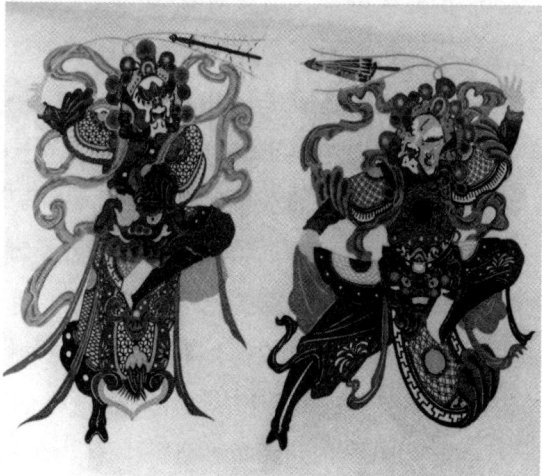

允。那一夜果然无事。太宗因不忍二将辛苦，遂命巧手丹青，画二将真容，贴于门上。这就是门神的由来。

还有画关羽、张飞像为门神的。门神像左、右户各一张，后人常把一对门神画成一文一武。门神分三类：第一类是"大门门神"，多贴在车门或整间大门上，高约四五尺，宽约二三尺。第二类是"街门门神"，多贴小街门上，高约二尺，宽约一尺。这两种门神都是一黑脸、一白脸两位尊神。白左黑右，白善良，黑狞恶，各手执槊钺。第三类是"屋门门神"，较街门门神稍小有限，也是黑、白二神。屋门最多是贴"麒麟送子"像，两个薄施粉脂、梳太子冠的娃娃，各乘麒麟。这种门神，本应贴在新婚家庭的屋门上，以取吉利，后来也用作普通街门的新年点缀品。

2. 贴春联

春联，起源于桃符。"桃符"，周代悬挂在大门两旁的长方形桃木板。据《后汉书·礼仪志》说，桃符长六寸，宽三寸，桃木板上书"神荼""郁垒"二神。正月一日，造桃符著户，名仙木，百鬼所畏。所以，清代《燕京岁时记》上说："春联者，即桃符也。"

春联，又名对联、门对，古时有"桃符""门帖"之称。它是我国独创的一种文学题材。

相传五代以前，古人对某些自然灾害或自然现象缺乏认识，误认为是神鬼作祟。于是过年时多用两块桃木削制成一寸多宽、七八寸长的木条，上面写着神荼、郁垒二神名，挂于门户。传说这背后还有一段生动的故事呢。

相传很早以前，有个风景秀丽的度朔山，山上有一大片桃林。桃林里有棵大桃树，树下有两间石屋，石屋内住着两兄弟：哥哥叫神荼，弟弟叫郁垒。兄弟俩力大无比，雄狮见了低头，恶豹见了瘫地，老虎为其守林。兄弟俩相依为命，和桃林建立了深厚的感情。天旱了，他们挑来泉水；生虫了，他们细心去捉；培土整枝，辛勤劳作，不辞劳苦。那桃林终于结下累累硕果，那棵大桃树结的果又格外大、格外甜。人们都说这是仙桃，吃了能延年益寿，成为神仙。

在度朔山的东北面有一个野牛岭，岭上有个野王子。这野王子也有把子笨力气。他仗着自己力大人多，占山为王。他狠毒如蛇蝎，吃人心，喝人血，可把这一方的老百姓害苦了。野王子听说了度朔山上有仙桃，吃后能成仙，垂涎三尺，派人上度朔山，喝令神荼兄弟俩献仙桃。兄弟俩冷冷一笑，说："俺这仙桃只送穷人，不贡王。"说完，把来人撵下了山。

野王子知道后气得七窍生烟，即带三百人马上度朔山。神荼兄弟带着守林虎出桃林迎战，两方相遇，一场恶战，霎时把野王子打得狼狈逃窜。野王子吃了败仗，逃回岭上，想仙桃茶饭不香，思报仇昼夜难眠。

在一个墨黑的夜里，风呼呼地叫。神荼兄弟正睡得香的时候，忽听外边有动静，急忙起身开门一看，只见从东北方向过来几十个鬼怪，个个青面獠牙，红发绿眼，奇形怪状，嗷嗷乱叫着向他们扑来。兄弟俩毫无畏惧。神荼随手提了根桃枝迎上去，郁垒抓了把草绳跟在后面。哥哥在前面抓，弟弟在后边捆，不多时，几十个鬼怪全被捆了起来，个个喂了老虎。

原来这些鬼怪是野王子和他手下人装扮的，本想把神荼兄弟俩吓跑，谁知毒计不成却丧了命。

次日，这事马上传开了，神荼兄弟的名字也就一传十，十传百，越传越远。

后来，兄弟俩去世了，人们传说他们的魂灵上了天堂，被老天爷封为专管惩治万鬼的神仙。此后，逢年过节，人们纷纷削制两片桃木板，画上神荼、郁垒与虎，挂立于门的两边，以示驱灾压邪，保护家人平安之意。这种桃制的木条即称"桃符"。可以说，这就是我国最初的春联。清代《燕京岁时记·春联》对春联作了注释："春联者，即桃符也。自入腊以后，即有文人墨客，在市肆檐下书写春联，以图润笔。祭灶之后，则渐次粘挂，千门万户，焕然一春。"可见，桃符就是最初的春联。

据《宋史·蜀世家》载，五代时，后蜀的孟昶开始在桃木条上题写联语。有一次，他命翰林学士题写桃符板时，觉得词句欠佳，便亲自写了一副联语："新年纳余庆，嘉节号长春。"这是我国最早的一副春联。

到了宋代，春节贴春联已成为民间的习惯。不仅春节贴，平日逢吉日喜事，都在门上、建筑物的楹柱

普天同庆

龙腾虎跃人间景

鸟语花香天地春

阖家欢乐

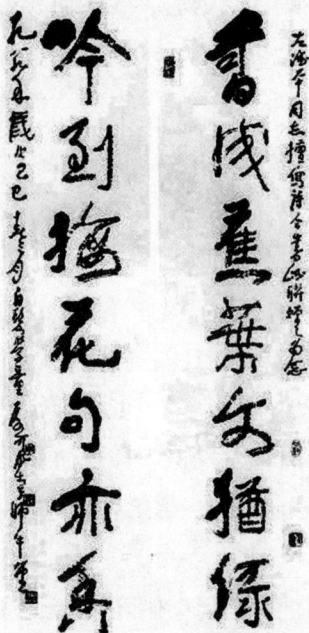

上张贴。然而，正式命名为春联，乃始于明太祖。帝王的提倡，使春联日盛。

宋代，春联仍称"桃符"。王安石的诗中就有"千门万户幢幢日，总把新桃换旧符"之句。宋代，桃符由桃木板改为纸张，叫"春贴纸"。明代，桃符才改称"春联"。明代陈云瞻的《簪云楼杂话》中载："春联之设，自明太祖始。帝都金陵，除夕前忽传旨：公卿士庶家门口须加春联一副，帝微行时出观。"朱元璋不仅微服出城，观赏笑乐，他还亲自题春联。相传，他经过一户人家，见门上不曾贴春联，便去询问，知道这是一家阉猪的，还未请人代写。朱元璋就特地为那阉猪人写了"双手劈开生死路，一刀割断是非根"的春联，联意贴切、幽默。经明太祖这一提倡，此后春联便相沿成为习俗，一直流传至今。

相传，清朝乾隆皇帝游江南的时候，经过南方一个叫通州的小镇。他想到河北省有个地方也叫通州，于是提出要与他的部下合写一副以通州为内容的对联。随即他就写上联："南通州、北通州，南北通州通南北。"他的部下看后感到棘手，一个个急得像热锅上的蚂蚁，关门查找资料，忙得不亦乐乎。然而所对出的下联，乾隆都不中意。后有一名默默无闻的小随从，上街游玩发现通州这个镇虽小，却有与众不同的特点，就是当铺非常多。望着人们出入当铺，不禁灵机一动，吟出一句妙语："东当铺，西当铺，东西当铺当东西。"乾隆一听，拍手叫好，当即下令对此人给予嘉奖，并升官三级。从这联话趣事中，看出清朝春联的盛行。

春联是一种特殊形式的诗，字数一般在三字以上不等，多到五百多字，上下两联必须字数相等，意义相近、相关或相反。一般来说，创作春联有四方面的要求：一是字数要相等，二是结构要相同，三是词性要相当，四是平仄要相协。

与诗相比，对联讲究对仗工整，格律严谨。但它的风格却是千姿百态的，有的婉转含蓄，有的豪放粗犷，有的托物言志、寓情于景，有的借古喻今、激浊扬清。使人看后情趣盎然，深受教益。

历代春联不乏佳作，其中最有名的当属明朝才子林大钦撰写的"天增岁月人增寿，春满乾坤福满堂"了。随着时代的变迁，广大群众给春联赋予了新的内容，创作了许许多多富有生气的春联。"莺歌花更红，燕舞春又归。"这副春联对仗工整，描绘了祖国大好春光。

3. 贴福字、贴窗花、贴年画

春节贴"福"字，在宋朝以前就有了，人们把"福"字写在红色方纸上，倒过来贴在门、窗、家具上，取其"福到（倒）了"之意。春节贴"福"字，寄托了人们对幸福生活的向往和对美好未来的憧憬。

民间还有将"福"字等图文字精描细织剪成各种图案的，如寿星、寿桃、鲤鱼跳龙门、五谷丰登、龙凤呈祥等贴于窗上，称"窗花"。"窗花"也是民间节日期间祈福，庆祝新年的一种习俗。现在很多农村还保留着这种习俗。

在众多的艺术形式中，年画是我国的一种古老的民间艺术。它反映了人民大众的风俗和信仰，寄托着人们对未来的希望。年画是我国民间绘画艺术中人民群众喜闻乐见的一种形式。它是伴随着我国农历春节送旧迎新的活动而产生的。至今，广大农村每年春节还有张贴年画的传统。

年画中，要以门画起源最早。它是由古时的门神画演变而来的。关于"门神"南朝梁人宗懔的《荆楚岁时记》载："正月一日，绘二神贴户左右，左神荼，右郁垒，俗称之门神。"到了唐代，便由真人秦叔宝、胡敬德出来代替假设中的神荼、郁垒了。据史料称："户神，唐秦叔宝、胡敬德二将军也。"据传说："唐太宗不豫，寝门外鬼魅呼号，太宗以告群臣。秦叔宝奏曰：'愿同胡敬德戎装立门外以伺，太宗允其奏，夜果无事。后命画工绘二人之像于门，邪祟以息。后世沿袭，遂永为门神。"可见，门神与门画是有密切联系的。民间还有将钟馗作为门神贴于门首的传说。钟馗之为门神，看来也是"刻画效象、冀以御凶"。

到了宋代，逐步演化成了木版年画（分为着色、套色两种），现存最早的木刻年画是宋版的，画着王昭君、赵飞燕、班姬、绿珠古代美女的《四美图》。明末清初，出现了

"三大民间木刻年画"：天津的"杨柳青"、苏州的"桃花坞"和山东潍县的年画，均有三百多年的历史，在中国版画史上享有重要地位，曾先后传入日本和英国、德国等国家。始于南宋的福建年画，畅销南洋，深受欢迎。传统的年画，多为木刻水印，线条单纯，色彩鲜明，画面热闹，题材多以五谷丰登、春牛、婴儿、风景、花鸟等为内容。

新年画在传统的基础上推陈出新，多以爱国主义、国际主义、劳动生产等为题材，反映现实生活。目前，随着科学技术的不断发展，年画已可用多种先进方法印刷。形式多种多样，有中画、屏条、挂签、斗方、窗顶、桌围、灶画、喜幅等数十种。题材亦十分广泛，有山水花鸟、戏曲人物、民间传说等广泛的内容。风格各异：北京西北一带的年画，以粗犷、苍劲闻名；天津"杨柳青"年画，以细巧、典雅著称；山东潍县和苏州桃花坞年画，则以粗壮、朴实见长；漳州年画，黑底粉印，绚烂多姿，浓丽凝重，独具一格；佛山年画，色彩鲜明，红底黑版，质朴动人，别有风韵；上海月历牌年画胶版精印，细润柔和，色彩缤纷，饶有风趣。此外，还有四川的绵竹、广西柳州等地的年画，都具有独特的风采。曾几何时，新春佳节贴年画的风俗遍布城乡。

年画也和春联一样，起源于"门神"。而年画依然沿着绘画方向发展。随着木板印刷术的兴起，年画的内容已不仅限于门神，而渐渐把财神请到家里，进而在一些年画作坊中产生了《福禄寿三星图》《天官赐福》《五谷丰登》《六畜兴旺》《迎春接福》等彩色年画，以满足人们喜庆祈年的美好愿望。因明太祖朱元璋提倡春节贴春联，年画也受其影响随之而盛行开来，全国出现了年画的三个重要产地：苏州桃花坞，天津杨柳青和山东潍坊；形成了我国年画的三大流派。

民国初年，上海郑曼陀将月历和年画二者结合起来，这是年画的一种新形式。这种合二而一的年画，以后发展成挂历，或制成"月历牌"年画和挂历年画。除春联、年画外，还有一种习俗叫挂千，就是用吉祥语镌于红纸之上，长尺有咫，粘之门前，与桃符相辉映。其上有八仙人物的，为佛前所挂。挂千民户多用它，世家大族用它的较少。其黄纸长三寸，红纸长寸余，是"小挂千"，为市肆所用。最早的挂千当是以制钱（铜钱）串挂的，与压岁钱一样的作用。

4. 置天地桌

这是一个临时性的供桌，是除夕专设之桌。一般无大佛堂之家特别重视天地桌，因为平时对佛供奉较少，到年终岁尽时对神佛大酬劳一次。此外，这桌主要是为接神使用。天地桌的内容与常年佛堂有所不同，除共有的挂钱、香烛、五供、大供之外，其受祀的偶像也大都是临时性的。过去置一本木刻版的神像画册，供上"天地三界十八佛诸神"，或是一张用大幅黄毛边纸木刻水彩印的全神码、福禄寿三星画像等。以上诸像有的接神后即焚化，有的则须到破五、甚至到灯节才焚烧。摆天地桌的位置也不统一，如堂屋地方宽大，可置于屋中；如屋内无地，就置于院中。传说此夜为天上诸神下界之时，所以民间有此接神习俗。

5. 守岁

我国民间在除夕有守岁的习惯，俗名"熬年"。守岁从吃年夜饭开始，这顿年夜饭要慢慢地吃，从掌灯时分入席，有的人家一直要吃到深夜。根据宗懔《荆楚岁时记》的记载，至少在南北朝时已有吃年夜饭的习俗。守岁的习俗，既有对如水逝去的岁月含惜别留恋之情，又有对来临的新年寄以美好希望之意。除夕之夜，人们通宵不寐，叙旧话新，互相鼓励，祝贺来年有个良好的开端。守岁早已成为我国历代相传的习俗。

守岁源于何时？《秦中岁时记》载："守岁之事三代前后典籍无文。"至唐杜甫的《杜位宅守岁》诗云："守岁阿咸家，椒盘已颂花。"疑自唐始。唐诗中对守岁习俗有不少的描写。白居易《客中守岁》诗："守岁尊无酒，思乡泪满巾。"孟浩然有"续明催画烛，守岁接长筵"的诗句。到了宋朝，守岁之风遍于城乡。苏东坡的"儿童强不睡，相守夜欢哗"，描述了守岁的情景。《东京梦华录》记载："除夕……士庶

15

之家，围炉而坐，达旦不寐，谓之守岁。"由于受我国的影响，在日本、越南、泰国等地，均有除夕守岁之说，就连欧美和非洲，也有类似的习俗。

常言道："黄金易得，韶光难留。"爱生命，惜光阴，这也许是普天下守岁之因吧！守岁的"守"，既有对即将逝去的旧岁留恋之情，也有对即将到来的新年怀希望之意。"一夜连双岁，五更分二年"，在除旧布新之际，亲朋好友，围炉而坐。回顾过去，展望未来，不是没有益处的。元朝的《唐才子传》里记有唐代大诗人贾岛除夕"祭诗"的一段佳话：每至除夕，贾岛必取一岁之作置几上，焚香再拜，酹酒祝曰："此吾终年苦心也。"他每到除夕，对过去一年得失作一番总结，对我们来说也是值得借鉴的。如果"三十六旬都浪过"，尚不"偏从此夜惜年华"，那么，"守岁"也就失其意义了。

6. 燃放爆竹

每当除夕之夜，不管是繁华的城市还是僻静的山村，无论是霓虹灯闪耀的闹市还是小巷深处，爆竹声此起彼落，竞相欢叫。那五彩缤纷的火花，在深沉的夜暮划出一道道彩虹，一朵朵云霞，给节日增添了无穷的乐趣。

放爆竹庆贺春节，在我国已有两千多年的历史了。古人焚竹发声，名曰"爆竹"。"古时爆竹，皆以真竹着火爆之，故唐人诗亦称爆竿。后人卷纸为之，称曰爆竹。"爆竹的原意在于惊惮和驱逐恶鬼。《荆楚岁时记》中记述："正月一日，是三元之日也，鸡鸣而起，先于庭前爆竹，以辟山魈恶鬼。"《神异经》云："西方山中有人焉，长尺余、一足，性不畏人；犯之令人寒热，名曰山魈。以竹着火中，扑哔有声，而山魈惊惮。后人遂象其形，以火药为之。"这当然是迷信的说法。今天，我们放爆竹虽有除旧迎新、取个吉祥兆头之意，但已没有什么迷信的色彩了。关于燃放爆竹还有一段传说。

相传，初唐年间，一些地方天灾连年，瘟疫四起，有个叫李田的人便在小竹筒内装上硝，导以爆炸，以硝烟驱散山岚瘴气，减退疫病流行，这便是装硝爆竹最早的雏形。后来，由于火药的发明，人们用纸造的筒子代替了竹子，并用麻茎把炮竹编成串，称为"编炮"，因声音清脆如鞭响，也叫"鞭炮"。

《东京梦华录》中记载，宋代已有除夕出售鞭炮于开封府街头。全国各地也有了专门生产爆竹的作坊。最初的纸卷爆竹，响一下就完了，后来发展为各种花炮。

爆竹是中国特产，在外国是没有的。从古至今，由于人们不断加工、改进，爆竹的品种、样式越来越多，色彩也跳出了单一的火红色。除了传统的单响、双响鞭炮外，还有许许多多的花炮，并取了一个个文雅、富于诗意的名称。如："金菊吐艳""飞雪迎春""仙女散花""白雪红梅""金猴腾空"等等，还有百头、千头、万头、甚至长达十万头的巨型鞭炮，真是五花八门，应有尽有。鞭炮焰火越来越大，威力也越来越来大，时有伤人、引发火灾而造成人身财产损失的情况发生。这样的情况应当引起人们的注意。

当午夜交正子时，新年钟声敲响，整个中华大地，爆竹声震响天宇。在这"岁之元、月之元、日之元"的"三元"时刻，有的地方还在庭院里垒"旺火"，以示旺气通天，兴隆繁盛。在熊熊燃烧的旺火周围，孩子们放爆竹，欢乐地活蹦乱跳。这时，屋内是通明的灯火，庭前是灿烂的火花，屋外是震天的响声，把除夕的热闹气氛推向了最高潮。历代的诗人墨客总是以最美好的诗句赞颂新年的来临。王安石的《元日》诗："爆竹声中一岁除，春风送暖入屠苏。千门万户瞳瞳日，总把新桃换旧符。"描绘了人们欢度春节的盛大喜庆情景。爆竹声响是辞旧迎新的标志、喜庆心情的流露。经商的人家放爆竹还有另一番意义，即希望新的一年大吉大利。不过，据旧习认为，敬财神要争先，放爆竹要殿后。传说，要想发大财者，鞭炮要响到最后才算心诚。

7. 吃年夜饭

孩子们在玩耍、放爆竹的时候，也正是主妇们在厨房里最忙碌的时刻，年菜有些都在前几天做好了，而年夜饭总要在年三十当天掌厨做出来。在北方，大年初一的饺子也要在三十晚上包出来。这时家家都在噔噔噔地忙着剁肉、

切菜。此时，砧板声、爆竹声、说笑声，此起彼伏，洋洋盈耳，交织成除夕欢快的乐章。

吃年夜饭，是春节家家户户最热闹、最愉快的时候。大年夜，丰盛的饭菜摆满一桌，阖家团聚，围坐桌旁，共吃团圆饭，心头的充实感真是难以言喻。人们既是享受满桌的佳肴盛馔，也是享受那份快乐的气氛。桌上有大菜、冷盆、热炒、点心，一般少不了两样东西，一是火锅，一是鱼。火锅沸煮，热气腾腾，温馨撩人，说明红红火火；"鱼"和"余"谐音，是象征"吉庆有余"，也喻示"年年有余"。还有萝卜，俗称"菜头"，祝愿有好彩头；龙虾、鲍鱼等煎炸食物，预祝家运兴旺如"烈火烹油"。最后多为一道甜食，祝福往后的日子甜甜蜜蜜。这天，即使不会喝酒的，多少也要喝一点。

年夜饭的名堂很多，南北各地不同，有饺子、馄饨、长面、元宵等，而且各有讲究。北方人过年习惯吃饺子，是取新旧交替"更岁交子"的意思。又因为白面饺子形状像银元宝，一盆盆端上桌象征着"新年大发财，元宝滚进来"之意。有的人家包饺子时，还把几枚沸水消毒后的硬币包进去，说是谁先吃到，就能多挣钱。

吃饺子的习俗是从汉朝传下来的。相传，医圣张仲景在寒冬腊月看到穷人的耳朵被冻烂了，便制作了一种"祛寒娇耳汤"给穷人治冻伤。他用羊肉、辣椒和一些祛寒温热的药材，用面皮包成耳朵样子的"娇耳"，下锅煮熟，分给穷人吃。人们吃后，觉得浑身变暖，两耳发热。以后，人们仿效着做，一直流传到今天。

新年吃馄饨也有它的含义，古语道："混沌初开，乾坤始奠。气之清者上浮为天，气之浊重者下沉为地。"吃馄饨是取其开初之意。传说世界生成以前是混沌状态，盘古开天辟地，才有了宇宙四方。还有吃长面，也叫"长寿面"。新年吃面，是预祝长寿百年。

8. 接神

接神是为新旧年分野，但接神时间亦不太统一。有的子时一到就开始举行仪式；有的到"子正"之时，即午夜零点开始接神；有的则在"子正"之后方接。祭灶后，诸神都回天宫，不理人间俗事，到除夕子时后，即新一年来临时，又降临人间理事。接神的仪式在天地桌前举行，由全家中的长者主持。因为诸神所居的天界方位不同，下界时来的方向自然也不同，至于接何神，神从何方来，要预先查好"宪书"，然后带领全家举香在院中按方位接神，有："财神正东、福神正南、贵神东北、喜神西南、太岁神西南等"的说法。按方位叩首礼毕后，肃立待香尽，再叩首，最后将香根、神像、元宝锭等取下，放入早已在院中备好的钱粮盆内焚烧，同时燃松枝、芝麻秸等。接神时鞭炮齐鸣，气氛极浓烈。

9. 踩祟

旧时，接神后将芝麻秸从街门内铺到屋门，人在上面行走，噼啪作声，称为"踩岁"，亦叫"踩祟"。由于"碎"与"祟"同音，取新春开始驱除邪祟的意思。

10. 祭祖

旧时，这种礼俗很盛。因各地礼俗的不同，祭祖形式也各异，有的到野外瞻拜祖墓，有的到宗祠拜祖。而大多在家中将祖先牌位依次摆在正厅，陈列供品，然后祭拜者按长幼的顺序上香跪拜。汉人祭祖，多半做鱼肉碗菜，盛以高碗，颇有钟鸣鼎食之意。南方人流寓北京的，祭祖尤为隆重。大半是八碗大菜，中设火锅，按灵位设杯箸，在除夕、元旦、元夜，都将火锅扇开，随时换菜。八旗之人祭祖，满蒙不同，蒙古旗人供以黄油炒黄米面，撤供时炸以香油，蘸以白糖，另有风味。满族旗人祭祖，供核桃酥、芙蓉糕、苹果、素蜡檀香，静肃异常。除夕夜和元旦供素煮饽饽，上元夜供元宵，每日早晚焚香叩头，献供新茶。祭祖形式虽各不同，大半都是除夕夜悬影，上元夜撤供，亲朋当中至近的，拜年时也必须叩谒祖先堂，因其人敬其祖的美德，也借此保存下来了。

11. 送财神

旧时，从春节子夜开财门起就有送财神的，手拿着一张纸印的财神在门外嚷着："送财神爷的来啦！"这时屋里的主人，为了表示欢迎财神，便拿赏钱给来人。送财神的口中，当然总免不了要说些吉利话，例如："金银财宝滚进来""左边有对金狮子，右边有对金凤凰"等之类的口彩。另外还以装扮成财神爷的模样，身穿红袍，头戴纱帽，嘴上挂着假胡子，身上背着一个收钱的黄布袋，后面跟着几个敲锣打鼓的，挨家挨户地去散发财神爷像，以便讨赏钱。每到人家门口，就唱起"左厢堆满金银库，右边财宝满屋堆"等一大堆讨吉利的话，不绝于口。直到主人欢喜地接过那张红纸财神爷像并赏些钱给他们，扮财神的这些人，连声道谢之后，便在咚咚锵锵的锣鼓声中，转到别家去了。

12. 饮屠苏酒

屠苏酒是一种药酒。在古代习俗中，元日全家饮屠苏酒，以祛不正之气。古时饮屠苏酒，方法很别致。一般人饮酒，总是从年长者饮起；但是饮屠苏酒却正好相反，是从最年少者饮起。大概年少者一天天长大，先饮酒以示祝贺，而年长者过一年少一年，后饮以示挽留。宋朝文学家苏辙的《除日》诗道："年年最后饮屠苏，不觉年来七十余。"说的就是这种风俗。这种别开生面的饮酒次序，在古代每每令人产生种种感慨，所以给人留有深刻的印象。

13. 隔年饭

在北方，有的人家还要供一盆饭，年前烧好，要供过年，叫做"隔年饭"。是年年有剩饭，一年到头吃不完，今年还吃昔年粮的意思。这盆隔年饭一般用大米和小米混合起来煮，北京俗话叫"二米子饭"，是为了有黄有白，这叫做"有金有银，金银满盆"的"金银饭"。不少地方在守岁时所备的糕点瓜果，都是想讨个吉利的口彩：吃枣（春来早），吃柿饼（事事如意）吃杏仁（幸福人），吃长生果（长生不老），吃年糕（一年更比一年高）。除夕之夜，一家老小，边吃边乐，谈笑畅叙，其乐融融。

14. 压岁钱

除夕夜孩子们最盼望的事也许就是压岁钱了。压岁钱是由长辈分发给未成年的晚辈。有的家里是吃完年夜饭后，人人坐在桌旁不许走，由长辈发压岁钱给晚辈，并勉励儿孙在新的一年里学习进步，好好做人做事。有的人家是父母在夜晚子女睡熟后，放在他们的枕头下。更多的人家是小孩们齐聚正厅，高呼爷爷奶奶、爸爸妈妈新年快乐、身体健康，列队跪拜，而后伸手要压岁钱。甚至追到爷爷奶奶、爸爸妈妈的卧房，大声嚷嚷要压岁钱，老人还嫌不够热闹，故做小气，讨价还价，最后把钱拿出来，被儿孙们一抢而空。老人逢此情景却高兴异常，认为这是新年事事顺利的好兆头。

据说压岁钱可以压住邪祟，因为"岁"与"祟"谐音，晚辈得到压岁钱可以平平安安地度过一岁。现在这些压岁钱多被孩子用来购买图书和学习用品，新的时尚为压岁钱赋予了新的内容。压岁钱不能直接送，而要很讲究地装在一个红包中，或者用一块红纸包着。红包的主要意义在红纸，因为它象征好运和吉祥。

（四）正月初一

前面讲到，春节俗称"过年"，原名"元旦"，"元"的本意为"头"，后引申为"开始"，因为这一天是一年的头一天，春季的头一天，正月的头一天，所以称为"三元"；因为这一天还是岁之朝，月之朝，日之朝，所以又称"三朝"；又因为它是第一个朔日，所以又称"元朔"。正月初一还有上日、正朝、三朔、三始等别称，意即正月初一是年、月、日三者的开始。

1. 拜年

春节早晨，开门大吉，先放爆竹，叫做"开门炮仗"。爆竹声后，碎红满

地，灿若云锦，称为"满堂红"。这时满街瑞气，喜气洋洋。

春节里的一项重要活动，是到亲朋好友、左邻右舍家祝贺新春，俗称"拜年"。"男女依次拜长辈，主者牵幼出谒戚友，或遣子弟代贺，谓之拜年。"这在我国民间已成为传统的习惯。

那么，拜年这一习俗又是怎么来的呢？

相传，古时候有一种怪兽，长着血盆大口，异常凶猛，人们叫它做"年"。每逢腊月三十晚，它便出来挨家挨户地残食人类。人们只得把肉食放到门外，然后把大门关上，躲在家里，直到初一早上，人们才开门互相作揖道喜，互相祝贺未被"年"吃掉。于是，拜年之风绵绵相传。到了宋代，上层统治阶级和士大夫感到互相登门拜年太耗费时日，便用名帖相互投贺。宋人周辉《清波杂志》称："宋元祐年间，新年贺节，往往使用佣仆持名剌代往。"当时的贺年片，是一种用梅花笺纸裁成的约二寸宽、三寸长，上面写着自己的姓名和地址的卡片。朋友之间在农历正月初一这一天互相赠送，甚至不大熟悉的人也送一张，以广交友。明代，投寄贺年片之风更甚，文徵明有《拜年》诗云："不求见面唯通谒，名纸朝来满敝庐。我亦随人投数纸，世情嫌简不嫌虚。"

到了清代康熙年间，贺年片开始用红色硬纸片制作。当时流行一种"拜盒"，将贺年片放到锦盒里送给对方，以见庄重。民国初期，公历新年也有送贺年片的，同时品种花样也多起来。贺年片从设计到印刷，越来越艺术，内容也更加丰富。它从一种写有单纯祝福词语的卡片，发展成兼有书法、图画、诗词的精致玲珑的艺术小品。现在的贺年片小巧玲珑，既有年历，又有精美的画面，送给友人更增添了节日的情趣。

汉族拜年之风，汉代已有，唐宋之后日益盛行。有些不必亲身前往的，可用名帖投贺。东汉时称为"剌"，故名片又称"名剌"。明代之后，许多人家在门口贴一个红纸袋，专收名帖，叫"门簿"。

说起拜年这件事，内情大不相同。旧时拜年大体有这样几种：

第一种是属员拜上司的年，衙门里照例有"团拜"，那是官式的、公开的。

中国传统节日

为了表示忠勤，身为属员，最好在团拜之前，就到公馆里拜个"早年"。上司挡驾不见，你就对门房说："不敢吵他，还请您替我向太太拜年。"当然，同时要塞一个红包在门房手心里。

第二种是同阶级、同身份的人，为联络感情、拉关系不得不去走一趟。有时候这类朋友太多了，就丢张片子在门房里、连面都不见，甚至自己根本不去，开好地址单，叫佣工去丢片子。

第三种是至亲家里有长辈的，做晚辈的一定要去拜年。要走进内宅，不但见了长辈要磕头，就是正堂悬挂的影像也该叩拜。因为彼此不是至亲，就是"父一辈、子一辈"的老世交。这种拜年的客人照例要留下吃饭，不能让人家空着肚子走的。

第四种是"忌门"。从前女人的交际只限于亲戚，自己没有朋友，就是有也不过是干姐妹、义母之类。按老规矩，女客拜年是在初五以后，因自年前腊月廿三祭灶之后老规矩要"忌门"。"忌门"是一忌讳女客上门，二忌讳丧服未满的人上门。直到过了初五"破五"，才允许女客进门，但仍然不欢迎穿孝的人。

第五种是出嫁的女儿和女婿回娘家拜年。小两口在娘家玩一天，吃两顿饭，丈母娘一般不留他们过夜。因为正月里新婚夫妇不许空房，丢下自己的屋子住在别人家里是犯忌的。

拜年活动要延续很长时间，到正月十五灯节左右。傍晚时分到人家拜年叫"拜夜节"，初十以后叫"拜灯节"男客拜年初五之前到了，是为上上；初五以后就表示是"敷衍了事"；到了灯节才露面，就更不足取了。如果因故未及时循例行礼，日后补行的，谓之"拜晚年"。所以有"有心拜年，寒食未迟"的笑话。

如今，拜年的习俗还仍然保留着，但从内容到形式都发生了很大的变化。

2. 占岁

旧时民间以进入新年正月初几的天气阴晴来占本年年成，其说始于汉东方朔的《岁占》。谓岁后八日，一日为鸡日，二日为犬，三日为猪，四日为羊，五日为牛，六日为马，七日为人，八

日为谷。如果当日晴朗；则所主之物繁育，当日阴，所主之日不昌。后代沿其习，认为初一至初十，皆以天气清朗；无风无雪为吉。后代由占岁发展成一系列的祭祀、庆祝活动。有"初一不杀鸡，初二不杀狗，初三不杀猪……初七不行刑"的风俗。

3. 贴画鸡

古时春节在门窗上画鸡来驱鬼怪邪气。晋朝人著的《玄中记》里讲到了前面说到的度朔山上有只天鸡，当太阳刚刚升起、第一道阳光照到大树时，天鸡就啼鸣了。它一啼，天下的鸡就跟着叫起来了。所以春节所剪的鸡，其实就是象征着天鸡。然而古代神话中还有"鸡是重明鸟变形"的说法。

据说尧帝时，远方的友邦上贡一种能辟邪的重明鸟，深得大家喜爱，可是贡使不是年年都来，人们就刻一个木头的重明鸟，或用铜铸重明鸟放在门户，或者在门窗上画重明鸟，吓退妖魔鬼怪。因重明鸟样子类似鸡，以后就逐步改为画鸡或者剪窗花贴在门窗上，也即成为后世剪纸艺术的源头。

我国古代特别重视鸡，称它为"五德之禽"。《韩诗外传》说，它头上有冠，是文德；足后有距能斗，是武德；敌在前敢拼，是勇德；有食物招呼同类，是仁德；守夜不失时，天明报晓，是信德。所以人们不但在过年时剪鸡，而且也把新年首日定为鸡日。

4. 聚财

俗传正月初一为扫帚生日，这一天不能动用扫帚，否则会扫走运气、破财，而把"扫帚星"引来，招致霉运。假使非要扫地不可，须从外头扫到里边。这一天也不能往外泼水、倒垃圾，怕因此破财。今天许多地方还保留着这一习俗，大年夜扫除干净，年初一不出扫帚，不倒垃圾，备一大桶，以盛废水，当日不外泼。

（五）正月初二

正月初二（北方地区为正月初四），嫁出去的女儿们纷纷带着丈夫、儿女回娘家拜年。女儿回娘家，必备办一大袋的饼干、糖果，由母亲分送邻里乡亲，一如过年的情景。如果家中有多个女儿，而这些女儿又不在同一天归来，那么，就要来一个分一次，礼物颇薄，四块饼干而已。然而，它反映的情意却甚浓，真正的是"礼轻情意重"，表达了姑娘对乡亲的切切思念。姑娘回到家中，若家中有侄儿，当姑母的必须再掏腰包，尽管在初一那天给压岁钱时已经送了，可这一次意义不同。这习俗，潮汕人称为"食日昼"。顾名思义，仅仅是吃中午饭而已，女儿必须在晚饭前赶回婆家。

祭财神

北方在正月初二祭财神，这天无论是商贸店铺，还是普通家庭，都要举行祭财神活动。各家把除夕夜接来的财神祭祀一番，实际上是把买来的粗糙印刷品焚化了事。这天中午要吃馄饨，俗称"元宝汤"。祭祀的供品用鱼和羊肉。老北京的大商号，这天均大举祭祀活动，祭品要用"五大供"，即整猪、整羊、整鸡、整鸭、红色活鲤鱼等，祈望今年要发大财。关于财神是谁，说法不统一，主要有以下几种：

赵公明，因张天师曾命其守玄坛，故又名赵玄坛。此人来源于《封神演义》，姜子牙封他为"金龙如意正一龙虎玄坛真君之神"。赵明朗，字公明，道教中的玄武之神，俗称赵公元帅。此说来源于《三教搜神大全》，圣号全称为"总管上清正一玄坛飞虎金轮执法赵元帅"。

范蠡、赵公天师、关羽为武财神。此外还有供奉太白星者，称为"财帛星君"。因为太白星亦叫金星，附会为财神。还有以齐天大圣、招财童子为财神者。

民间所供大多以赵公明居多，其印刷的形象很威武，黑面浓髯，顶盔贯甲，手中执鞭，周围画有聚宝盆、大元宝、珊瑚之类的图案，加以衬托，突出富丽华贵的效果。

（六）正月初三

正月初三是女娲造羊的日子，故称"羊日"。在这一天里，人们不能杀羊，如果天气好，则意味着这一年里，

25

羊会养得很好，养羊的人家会有个好年景。

1. 烧门神纸

旧时初三日夜，把年节时的松柏枝及节期所挂门神门笺等一并焚化，以示年已过完，又要开始营生。俗谚有"烧了门神纸，个人寻生理"。

2. 贴"赤口"

在中国南方，大年初三早上要贴"赤口"（禁口），认为这一天里易生口角，不宜拜年。所谓"赤口"，一般是用长约七八寸、宽一寸的红纸条，上面写上一些出入平安的吉利话，贴在前门和后门的门顶上。另有一张放在垃圾上面，然后倒掉。这些垃圾是初一初二两天积下来的，一定要到初三才一起清理倒掉，否则，等于把家中的金银财宝向外流一样。总之，贴"赤口"，可使人们心理上觉得一年到头都能出入平安，不与人发生口角或不招致各种不幸，家中多多招财进宝，万事如意。

3. "送年"

一般晚上举行送年仪式，是送诸神和祖先回天。

（七）正月初五

正月初五，俗称破五。民俗一说，破五前诸多禁忌，过此日皆可破。按照旧俗习惯，要吃"水饺"五日。如今，有的人家只吃三两天，有的隔一天一吃，然而没有不吃的。旧时从王公大宅到街巷小户都如是，就连待客也如此。妇女们也不再忌门，开始互相走访拜年、道贺。新嫁女子在这一天归宁。一说破五这一天不宜做事，否则本年内遇事破败。

破五习俗除了以上禁忌外，主要还有送穷、迎财神、开市贸易。

1. 祭财神

南方人在正月初五祭财神。民间传说，财神即五路神。所谓五路，指东西南北中，意为出门五路，皆可得财。

清代顾禄《清嘉录》云："正月初五日，为路头神诞辰。金锣爆竹，牲醴毕陈，以争先为利市，必早起迎之，谓之接路头。"又说："今之路头，是五祀中之行神。所谓五路，当是东西南北中耳。"上海旧历年有抢路头的习俗。正月初四子夜，备好祭牲、糕果、香烛等物，并鸣锣击鼓焚香礼拜，虔诚恭敬财神。初五日俗传是财神诞辰，为争利市，故先于初四接之，名曰"抢路头"，又称"接财神"。

五祀即祭户神、灶神、土神、门神、行神。凡接财神须供羊头与鲤鱼，供羊头有"吉祥"之意；供鲤鱼则是"鱼"与"余"谐音，图个吉利。人们深信只要能够得到财神显灵，便可发财致富。

因此，每到过年，人们都在正月初五零时零分打开大门和窗户，燃香、放爆竹、点烟花，向财神表示欢迎。接过财神，大家还要吃路头酒，往往吃到天亮。大家满怀发财的希望，但愿财神爷能把金银财宝带来家里，在新的一年里发大财。

民俗以为接路头越早越好，最早接到的才是真神，特别灵验，因此叫"抢路头"。有的地方，在元月初四便"匆匆抢路头"了，且相袭成俗。既然路神已不再是行旅的保护者，人们便不再在赴旅时祭祀它了。

2. 路头神

路头神是吴地所信奉的一位财神。俗以初五日为他的生日。

路头又称"五路神"。据说元末有个名叫何五路的人为抵御外寇而死，人们因此祀他为神，名"五路神"。但此五路神似乎与作为财神的路头五路神无涉。或又以五路神实为五圣神，或曰"五通神"。在康熙年间汤斌毁禁上方山五通寺以后，民间不敢祀五通神，故改其名为路头而祀之。一般以此路头为古五祀中的行神，所谓五路乃东西南北中也。财货无不凭路而行，故人们以行神为财神，谨加祭祀，冀求引财入门，或出行获利。古人外出行旅，祭祀路神以求平安，此为"祖道"之俗。吴俗接路头，祭祀的也是路神，而这路神变成财神。路神变为财神，是因商业的发展，财货流通的加剧。财货往来于陆水之间，人们直观地认为，路在冥冥之中主宰了财货。

至于人们在元月初五祭拜路头神，并以此日为其生日，乃五路神中之"五"与初五之

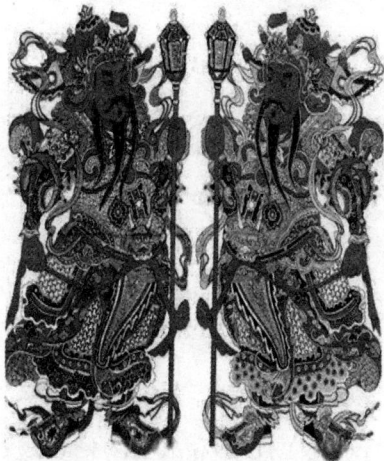

"五"牵连之故。北方于此日祭"五穷"也是一样。在正月而非其他月，乃取新年新气象，图一年吉利，财源茂盛，东西南北中，财富五路并进。

3. 送穷

正月初五"送穷"，是我国古代民间一种很有特色的风俗，其意就是祭送穷鬼（穷神）。穷鬼，又称"穷子"。据宋陈元靓《岁时广记》引《文宗备问》记载："颛顼高辛时，宫中生一子，不着完衣，宫中号称穷子。其后正月晦死，宫中葬之，相谓曰'今日送穷子'。"

相传，穷鬼乃颛顼之子。他身材羸弱矮小，性喜穿破衣烂衫，喝稀饭。即使将新衣服给他，他也扯破或用火烧出洞以后才穿，因此"宫中号为穷子"。这一天各家用纸造妇人，称为"扫晴娘""五穷妇""五穷娘"，身背纸袋，将屋内秽土扫到袋内，送门外燃炮炸之。这一习俗又称为"送穷土""送穷媳妇出门"。

陕西韩城一带，破五这一天忌出门，而且要将鲜肉放在锅中炙烤，还要爆炒麻豆，令其崩裂发声，认为这样可以崩除穷气，求得财运。此外，旧时除夕或正月初五要吃得特别饱，俗称"填穷坑"。民间广泛流行的送穷习俗，反映了我国人民普遍希望辞旧迎新，送走旧日贫穷困苦、迎接新一年美好生活的传统心理。

4. 开市

旧俗春节期间，大小店铺从大年初一起关门，而在正月初五开市。俗以正月初五为财神圣日，认为选择这一天开市，必将招财进宝。

（八）正月初七

初七是人日亦称"人胜节""人庆节""人口日""人七日"等。传说女娲初创世，在造出了鸡狗猪牛马羊等动物后，于第七天造出了人，所以这一天是人类的生日。

汉朝开始有人日节俗，魏晋后开始重视。古代人日有戴"人胜"的习俗。

人胜是一种头饰，又叫"彩胜""华胜"。从晋朝开始有剪彩为花、剪彩为人，或镂金箔为人来贴屏风，也戴在头发上。此外还有登高赋诗的习俗。唐代之后，更重视这个节日。每至人日，皇帝赐群臣彩缕人胜，又登高大宴群臣。如果正月初七天气晴朗，则主一年家人平安，万事顺利。

民间此日要吃春饼卷"盒子菜"（熟肉食品），并在庭院摊煎饼"熏天"。也有吃面条，称为"长寿面"，寓长命百岁之意。七宝羹，即用七种菜做成的羹，在人日的时候食用，以此来取吉兆。并说此物可以除去邪气，医治百病。各地物产不同，所用果菜不同，取意也有差别。广东潮汕用芥菜、芥蓝、韭菜、春菜、芹菜、蒜、厚瓣菜，客家人用芹菜、蒜、葱、芫荽、韭菜加鱼、肉等，台湾、福建用菠菜、芹菜、葱蒜、韭菜、芥菜、荠菜、白菜等。其中芹菜和葱兆聪明，蒜兆精于算计，芥菜令人长寿，如此种种。

（九）正月初八

1. 谷子生日

传说初八是谷子的生日。如果这天天气晴朗，则主这一年稻谷丰收，天阴则年歉。这一天祝祭祈年，且禁食米饭。

2. 顺星

顺星又名"祭星"。正月初八晚上，天上星斗出齐后，各家都要举行一个顺星的祭祀仪式。祭星时，要在案头、灶台、门槛、锅台等处各放一盏"金灯"（黄灯花）并点燃，叫"散灯花儿"，有避除不祥之意。祭星结束后，全家聚在一起吃一顿元宵。

3. 放生祈福

正月初八有"放生"活动，就是把家里养的一些鱼、鸟拿到外面，放归野外，使其回归自然，获得新生。

明代刘侗在《帝京景物略》中记载说："正月八日，石磴巷放生，笼禽雀、盆鱼虾、筐螺蚌，罗堂前，僧做梵语，数千相向，纵羽空飞，孽着落屋上，移时乃去，水之类投皇城金

水河中，网罟笋饵所希至。"

初八放生，不仅体现了古人尊重自然万物和谐相处的品德，也表达了新春之始期盼世间各种生物兴旺发达的美好愿望。

（十）正月初九

正月初九是天日，传说此日为天界最高神祇——玉皇大帝的生日，俗称"天公生"。"天公"就是"玉皇大帝"，道教称之为"元始天尊"，是主宰宇宙最高的神。他是统领三界十方诸神以及人间万灵的最高神，代表至高无上的"天"。主要习俗有祭玉皇、道观斋天等。有些地方，天日时，妇女备清香花烛、斋碗，摆在天井巷口露天地方膜拜苍天，求天公赐福。

（十一）正月初十

初十为石头生日。这一天凡磨、碾等石制工具都不能动，甚至设祭享祀石头，恐伤庄稼。也称"石不动""十不动"。河南风俗，这一日家家向石头焚香致敬。午餐必食馍饼，认为一年之内便会财运亨通。在山东郓城等地，有抬石头神之举。初九夜，人们将一瓦罐冻结在一块平滑的大石头上，初十早晨，以绳系罐鼻，由十个小伙子轮流抬着瓦罐走。石头不落地，则预示当年大丰收。

贺老鼠嫁女

旧时民间俗信。在正月举行的祀鼠活动，亦称"老鼠嫁女""老鼠娶亲"。具体日期因地而异，有的在正月初七，有的在正月二十五，不少地区是正月初十。山西平遥县初十日将面饼置墙根，名曰"贺老鼠嫁女"，湖南宁远则以十七日为"老鼠嫁女"这一日忌开启箱柜，怕惊动老鼠。前一天晚上，儿童将糖果、花生等放置阴暗处，并将锅盖、簸箕等物大敲大打，为老鼠催妆。第二天早晨，将鼠穴闭塞，认为从此以后老鼠可以永远绝迹。还有的地区于老鼠娶妇日，很早就上床睡觉，也为不惊扰老鼠，俗谓"你扰它一天，它扰你一年"。

在江南一带的民间传说中，说老鼠是害人的，不吉利，所以旧历年三十夜要把它嫁出去，以确保来年平安吉祥。上海郊区有些地方说老鼠嫁女是在正月十六，这天晚上，家家户户炒芝麻糖，就是在为老鼠成亲准备喜糖。

在北方，老鼠嫁女是在正月二十五日的晚上。这天夜里，家家户户不点灯，全家人坐在炕头上，一声不响，摸黑吃着用面粉做成的"老鼠爪爪""蝎子尾巴"和炒大豆。"不点灯、不出声"的意思是为老鼠嫁女提供方便，生怕惊扰了娶亲喜事；吃"老鼠爪爪"表示人们期望老鼠的爪子发痒，好早些起来行动；吃"蝎子尾巴"即是为了老鼠嫁女出洞时不会受到蝎子伤害；吃炒大豆发出嘎嘣的脆响，似乎是给老鼠娶亲放鞭炮。

在老鼠嫁女夜晚，湖南资兴一带则在屋角、过道遍插蜡烛，意思是将老鼠娶亲途经之路照得通亮。

"老鼠嫁女""老鼠娶亲"的年画和剪纸在我国民间视为"吉祥物"，逢年过节时贴在墙上和窗户上。四川绵竹印制的《老鼠嫁女》年画，表现一伙老鼠揭旗打伞，敲锣吹喇叭，抬着花轿迎亲。骑在癞蛤蟆背上的是"新郎"，头戴清朝的官帽，手摇折扇，双目注视着一只大金箱，显出一副贪婪的样子。正当这伙丑类大摇大摆、招摇过市之时，等待它们的却是一只大黄猫。前面鸣锣开道的一对鼠兄鼠弟，一只已被猫的利爪抓住，另一只则咬在猫的嘴上。此时，坐在花轿里的"新娘"，自知末日来临、泪流满面。这幅年画反映了人民爱憎分明的思想感情。

（十二）正月十五（元宵节）

"元宵节"是我国主要的传统节日，也叫"元夕""元夜"，又称"上元节"，因历代相袭，这一节日有观灯习俗，故又称"灯节"。

元宵节习俗的形成有一个较长的过程。早在两千多年前，汉文帝

是周勃勘平"诸吕之乱"以后上台的，勘平之日是正月十五。此后每逢这天夜晚，汉文帝都要出宫游玩，"与民同乐"。"夜"在古语中又称"宵"，于是，汉文帝就把正月十五这一天定为"元宵节"。汉代司马迁在建议汉武帝修改历法，创建《太初历》时，把元宵节列为重大节日。汉武帝正月上元夜在甘泉宫祭祀的活动，被后人视作正月十五祭祀天神的先声。不过，正月十五真正成为民俗节日是在汉魏之后。东汉佛教文化的传入，对于形成元宵节俗有着重要的推动意义。

汉明帝永平年间，因明帝提倡佛法，适逢蔡愔从印度求得佛法归来，称"印度摩竭陀国每逢正月十五，僧众云集瞻仰佛舍利，是参佛的吉日良辰"。汉明帝为了弘扬佛法，下令正月十五夜在宫中和寺院"燃灯表佛"。从此，"正月十五夜燃灯"的习俗随着佛教文化影响的扩大及道教文化的加入逐渐在中国扩展开来。

而元宵节习俗真正的动力是因为它处在新的时间点上，人们充分利用这一特殊的时间阶段来表达自己的生活愿望。

元宵放灯的习俗，在唐代发展成为盛况空前的灯市。中唐以后，已发展成为全民性的狂欢节。唐玄宗时的开元盛世，长安的灯市规模很大，燃灯五万盏，花灯花样繁多；巨型灯楼，多达20间、高150尺，金光璀璨，极为壮观。

以后历代的元宵灯会不断发展，灯节的时间也越来越长。唐代的灯会是"上元前后各一日"，宋代又在十六之后加了两日，明代则延长到由初八到十八整整十天。

到了清代，满族入主中原，宫廷不再办灯会，民间的灯会却仍然壮观。日期缩短为五天，一直延续到今天。

"猜灯谜"又叫"打灯谜"，是元宵节后增的一项活动，出现在宋朝。南宋时，首都临安每逢元宵节时，制谜、猜谜的人众多。开始时是好事者把谜语写在纸条上，贴在五光十色的彩灯上供人猜。因为谜语能启迪智慧又饶有兴趣，所以流传过程中深受社会各阶层的欢迎。

唐宋时灯市开始出现各式杂耍技艺。明清两代的灯市上除有灯谜与百戏歌舞之外，又增设了戏曲表演的内容。

历代人们除游灯市外，又有迎紫姑祭厕神、过桥摸钉走百病等习俗，有击太平鼓、秧歌、高跷、舞龙、舞狮等游戏。同时，还要吃些应节食物：南北朝时代吃伴和肉与动物油熬煮的豆粥或米粥，唐代吃一种叫"面茧"的面食，到宋代有盐豉汤和绿豆粉做的科斗羹，并出现了"圆子"。此后，南北方均以吃"元宵"为习俗。

元宵节期间，是男女青年与情人相会的时机，所以元宵节又成了中国的"情人节"。

传统社会的元宵节是城乡重视的民俗大节，它体现了中国民众特有的狂欢精神。传统元宵所承载的节俗功能已被日常生活消解，人们逐渐失去了共同的精神兴趣，复杂的节庆习俗已经简化为"吃元宵"的食俗。

1. 舞狮子

每当"爆竹一声除旧岁"时，在我国广阔的土地上，传统的舞狮活动就伴随着送暖的春风和欢乐的锣鼓，出现在城镇和农村，为一年一度的新春佳节增添了浓郁的欢乐气氛。

舞狮是我国一项传统的民间体育活动，起源于南北朝时期。

据传，宋文帝元嘉二十三年（466年）五月，宋朝交州刺史擅和之奉命伐林邑，林邑王范阳还使用了象军参战。这支象军由于士兵持着长矛，骑在又高又大的象背上，所以使仅仅拥有短兵器的敌方，连接近它都很困难，宋军的士兵开始吃了大亏。后来，先锋官振武将军宗悫想了个办法。他说，百兽都害怕狮子，大象大概也不会例外。于是，连夜用布、麻等做成了许多假狮子，涂上五颜六色，又特别张大了嘴巴。每一个"狮子"由两个战士披架着，隐伏草丛中。他还在预定的战场周围，挖了不少又深又大的陷阱。敌方驱象军来攻，宗悫随即放出了假狮子，这种"雄狮"一个个翻动着斗大的血口，张牙舞爪直奔大象。大象

吓得掉头乱窜，宗悫又乘机指挥士兵万弩齐放，受惊的大象顿时没命地向四处奔跑，不少跌到陷阱里，人和象俱被活捉。从此，舞狮首先在军队中流行，然后传到民间。唐代诗人白居易的《西凉使》中就有"假面胡人假面狮，刻木为头丝作尾。金镀眼睛银帖齿，奋起毛衣摆双耳……"。由此可见，在唐代已经有类似现代的狮子舞了。

为什么在春节期间人们喜欢舞狮子呢？据说，明朝初年，广东佛山地区出现了一头怪兽，每逢年岁将尽，则在佛山郊区出现，到处糟踏庄稼，残害人畜，乡农不胜其苦。人们就把竹篾扎成若干头狮子模型，并涂上各种斑驳的颜色，事前布置好。当怪兽出现时，锣鼓齐鸣，群狮奋舞，一齐朝着那头怪兽进发。那怪兽惊恐万状，掉头就跑。而后，当地乡民认为狮子有驱邪镇妖之功，有吉祥之兆。于是，每年春节打敲鼓，舞狮拜年，以示消灾除害、预报吉祥之意。

舞狮子，除春节外，在喜庆的日子里，也常以舞狮助兴。民间一般由两人合作扮一头大狮子（有的地区称太狮），一人扮作一头小狮子（有的地区称少狮），另一人扮武士，手拿绣球作引导，并先开拳踢打，以诱引狮子起舞。狮子随着鼓点的快、慢、轻、重，忽而翘首仰视，忽而回头低顾，忽而回首匍匐，忽而摇头摆尾，千姿百态，妙趣横生。在模仿动作上，有舐毛、擦脚、搔头、洗耳、朝拜、翻滚等动作；在技巧上，有上楼台、过天桥、跨三山、出洞、下山、滚球、吐球和采青等。

2. 耍龙灯

新春佳节，在我国广大城镇，有"耍龙灯"的习惯。"耍龙灯"也叫"舞龙"，又称"龙灯舞"，是流行于我国的一种民间舞蹈。

我国古代人民为寄托美好愿望而创造了龙的形象。相传，古人把龙、凤、麒麟、龟称为四灵。"四灵"的造型优美，绚丽多彩，线条刚柔相济。在历史长河中闪耀着独特的艺术光彩。早在商殷时代，铜器和骨刻上就有龙形图案；周代铜器的龙纹已渐趋完整。"耍龙灯"在汉代民间已相当普遍了。唐、宋时期的"社火""舞队"表演中，"耍龙灯"已是常见的表演形式。宋代吴自牧著的《梦粱录》中记载：南宋行都临安（今杭州）"元宵之夜……草缚成龙，用青幕遮草上，密置灯烛万盏，望之蜿蜒如双龙之状"。

在古代，人们把"龙"作为吉祥的化身，代表着风调雨顺的愿望。因此，用舞龙祈祷神龙的保佑，以求得风调雨顺，四季丰收。人们舞起用竹、铁结成架子，外用绸缎或布匹制作的彩龙取乐，表现欢快的心情。经过民间艺人不断加工制造，到现在"耍龙灯"已发展成为一种形式完美、具有相当表演技巧和带有浪漫主义色彩的民间舞蹈艺术，深为广大群众所爱。

表演"耍龙灯"，有"单龙戏珠"与"双龙戏珠"两种。龙身由许多节组成，每节间距约五尺左右，每一节称一档。组成龙身的"节"，一般都是单数（如九节、十一节和十三节）。龙头部分轻重不同，一般重量约三十多斤。龙珠内点蜡烛的称"龙灯"，不点的称"布龙"。

在耍法上，各地风格不一，各具特色。耍九节的主要侧重于花样技巧，较常见的动作有：蛟龙漫游、龙头钻裆子（穿花）、头尾齐钻、龙摆尾和蛇蜕皮等。耍龙中，不论表演哪种花样动作，表演者都得用碎步起跑。耍十一、十三节龙的，主要表演蛟龙的动作，就是巨龙追逐着红色的宝珠飞腾跳跃，忽而高耸，似飞冲云端；忽而低下，像入海破浪，蜿蜒腾挪，煞是好看。

农村耍龙灯还有个习惯，就是不仅在本村耍，还到外村表演，到镇上或城市宽阔的街头、广场去"赛演"。每当新春至元宵节期间，在此起彼落的锣鼓声、鞭炮声中，各个民间"舞龙队"大显身手，引动万人空巷。

3. 踩高跷

每当春节到来，在我国许多地方流行另一种舞蹈就是踩高跷。一个个化了妆的人，足踩三四尺的木跷，手执扇羽，舞来舞

去。有集体对舞，也有三人起舞，引得人们翘首仰望，欢声雷动。在南方，高跷属《插秧歌》的一种。唱者踩高跷是避免秧田泥水溅身，手执扇子是要重心平衡，劳动气息十分浓厚。清代恩竹樵写过一首《咏秧歌》："捷足居然逐队高，步虚应许快联曹。笑他立脚无根据，也在人间走一遭。"

在《列子·说符》中有这样的记载："宋有兰子者，以技干宋元，宋元召而使见。其技以双技，长倍其身，属其胫，并趋并驰，弄七剑迭而跃之，五剑常在空中。元君大惊，立赐金帛。"

如今，高跷作为群众喜闻乐见的一种艺术形式，已赋予新的内容，或扮演成活报剧，或扮演成戏中角色，深为群众所欢迎。

4. 逛花市

年宵花市，旧时称为除夕花市，大约始于明代。年宵花市以广州最负盛名。屈大均的《广东新语》中就提到明代广州已出现花市。当时广州河南三十三乡的百姓，多半是以种花为生的花农。他们从河南到河北来种花卖花，就从五仙门附近的码头过渡登岸，后人称这地方为"花埠头"，这就是广州最早的花市。今天的年宵花市就是昔日花市演变而来的。四季如春的广州，每当春节到来之际，按历代习俗，都要举行一年一度的年宵花市。

为了迎接年宵花市的到来，人们早在春节前一个月就着手准备了，郊外到处可看到树上挂着的串串鲜花。年宵花市到来前几天，广州花市已搭架，许多人陆续前往，买回一把鲜艳夺目的花插在瓶内，把家里点缀得生机勃勃，春意盎然。

到了花市那天，人山人海，汇合成一股巨大、温馨的热流。除夕之夜，花市开始进入了高潮。花市上有"竞夸天下无双色，独占人间第一春"的牡丹，有"宁可抱香枝头老，不随黄叶舞秋风"的各色名菊，还有誉满南国的大丽、玫瑰、芍药、米兰……淡妆素裹的"沙漠美人"——肉质植物仙人掌、仙人球，落户在广州的"凌波仙子"水仙花，也都在花市上笑脸迎人。"花坛盟主"的山区贵客"吊钟花"一枝就有百个，甚至几百个花蕾，只要调节适当，到了初一，一个个、一双双地吊在枝头，给节日添上了热烈、蓬勃的生机。花市里还有橘果流金的各种果实，一盘盘、一层层，枝头上挂满了柑、橙、橘……。还有那"水中鲜花"的各种各样金鱼，随风摇曳的各色彩灯，都吸引着成千上万的观众。当你站在那一片花海中，端详着那香气袭人、微微颤动和舒展着叶芽怒生的五彩缤纷的珍品，你会情不自禁地赞叹，人们选择和布置这样一个场面，作为迎春的高潮，真是匠心独具！

5. 赏冰灯

当人们在南方饱览了百花争春、橘果流金的花城美景之后，再乘上飞机飞向北国的冰城，展现在人们眼前的却是另一番景色。极目四望，千里冰封，百里雪飘，恰是一个银装素裹的冰雪世界。

正如珠江三角洲人民爱好花卉而每年举行一次"花市"活动一样，生活在松花江流域的人们，也酷爱冰雪艺术，他们每年新春前后也要举行隆重的"冰灯游园会"。

冰灯，是北方特有的一种民间艺术。在我国已有几百年的历史了。据说，过去松花江沿岸的渔民在冬日凿冰捕鱼时，常用水桶冻一个"冰坨子"，中间点一盏灯，用来照明，这就是最原始的冰灯了。

到了清代中叶，每逢正月十五，大人常常为孩子们制作能提拿的各种小冰灯。它成为孩子们游街串巷，互相媲美的节日礼物。有的城镇还举办了小型的冰灯游园活动。《黑龙江外记》记载："上元，城中张灯五夜，车声彻夜不绝。有镂五六尺冰为寿星灯者。中燃双炬，望之如水晶！"可见，元宵之夜是何等热闹。唐顺之的《元夕咏冰灯》诗中，对元宵之夜的冰灯盛况作了生动的描写："正怜火树斗春妍，忽见清辉映夜阑。出海鲛珠犹带水，满堂罗袖欲生寒。烛花不碍空中影，晕气疑从月里看。为话东风暂相借，来宵还得尽余欢。"

到了近代，哈尔滨市继承过去的传统，经常举办冰灯游园晚会。黑龙江省的齐齐哈尔、佳木斯，吉林省的长春、吉林等城市，春节期间都分别举行冰雪节活动。"冰灯游园会""冰城灯展"等活动，每年吸引大批中外游客前往，冰雪文化已经成为北方城市重要的旅游资源。各式各样冰雪造型把城市装扮得分外妖娆。这里，既有雄伟壮观的大型建筑群，又有玲珑别致的小巧个体人物、动植物；既有栩栩如生的古今中外的传奇人物，又有引人入胜的神话雕塑；既有千姿百态的花卉，又有惟妙惟肖的动物造型；既有山水风光的冰峰玉洞，也有独放异彩的冰灯雪盏。真是五光十色，晶莹剔透，美不胜收！

冰灯的制作，可分为冷冻和冰雕两种。一般小型的冰灯，先要做好模具，然后向模具中注水，送到室外冷冻。在冷冻时，须将冻结的冰面凿一大孔，以防模具冻坏。当冻到一定厚度时，即将里面的水倒出，拿回室内，等到稍融后，

便可将冰壳拔出。然后用烧红的铁条将冰壳穿上小孔，系上铁丝，安好电灯，接上电源，一盏玲珑小巧、晶莹夺目的冰灯就算告成了。制造冰峰、冰兽、冰塔、冰楼等大型的冰制品，则要根据设计要求，用天然冰块砌成不同的冰堆，然后用斧、锯、铲等工具加以精雕细刻，加工成各种动物、花卉和建筑。大小冰灯中的电灯，都是制作者凿洞放进去的。人们把冰雪和灯光巧妙地配合起来，造型点景，别具风格。随着科学技术的进步，人们在制作技术上有了新的进步，造型更加独特，形象也更加逼真。如今，每当举办冰雪游园会时，还会邀请国外朋友来参加活动，给活动增添异域风光。

（十三）二月初二（龙头节）

"龙头节"，又名"青龙节"。每年农历二月初二，是我国的传统节日。

相传，武则天篡权夺唐室江山，改国号为周，自封大周武皇帝。玉帝闻之大怒，命太白金星传谕四海龙王，三年内不准向人间降雨。这可苦了百姓，从立夏到寒露，整整一百五十多天滴雨未下，旱得庄稼枯死，河塘枯竭。人们眼看要生路断绝，个个哭干了眼睛，哭哑了嗓子。众雨神听了虽不忍心，但也不敢违抗玉帝的旨意。

一天，忽然从远处飘来了朵朵云彩。那云彩越来越大，一会就把整个天空遮住了。一阵和风吹过，"哗哗哗"下了一阵倾盆大雨。久旱得雨，人心欢畅，人们不顾衣湿身冷，对空跪拜，感谢天老爷降福人间。

原来这是司管天河的玉龙行的雨。这玉龙上次曾为救民行雨，被打到凡间受罪，变成一匹白马，跟唐僧跋山涉水，受尽磨难。后来因取经成功，被重新召回天河。这些天来，他听到人们的哭声，看着饿死人的惨景，不顾再次被打入凡间的危险，喝足了天河之水，张开巨口行雨。玉帝听说这件事，勃然大怒，把他压在一座山下受罪。山上立通碑，上面写道："玉龙降雨犯天规，当受人间千秋罪。若想重登灵霄阁，金豆开花方可归。"人们为了挽救玉龙，报答它的救命之恩，盼他重上云天，再降甘露，急待金豆开花。他们找啊找啊，总找不到金豆花。到了第二年二月初一这天，正逢赶集之日，一个老婆婆背着一袋包谷卖，一下没招呼好，袋子口松开了，金黄金黄的包谷籽撒了一地。人们心头一亮，心想：这包谷籽不就是金豆吗？于是，一传十，十传百，很快传到这一方人耳里，次日家家都要炒包谷豆。

二月二那天，各家各户把炒好的包谷花用簸箕盛着，供到当院，有的还端着送到玉龙身边。玉龙见人们待他如此之好，再也忍不住了，便大声喊道："太白老头，金豆开花了，还不快放我回去！"太白金星人老眼花，看不清楚，便一招手，收了拂尘。镇压玉龙的那座大山原是太白金星的拂尘化的，随着拂尘的升起，玉龙一声长啸，腾身而起，跃上云间，用尽平生之力，对着旱得冒烟的大地"哗哗哗"又喷起来，转眼之间，沟满壕平，地得饱和。

再说玉帝这时正在灵霄殿上，观赏仙女歌舞，值日官进来禀报，玉龙又违旨降雨。玉帝急唤来太白金星责问。太白金星已知把事办错了，只好说："你那时不是说等金豆开花便放吗，今晨我看见凡间的金豆都开花了，就收了拂尘。"玉帝气得浑身发抖说："那是包谷花啊！"太白金星见玉帝发了火，就一言不发地站在那里，直到玉帝气消了些，才试探着说："我想着咱天上的香烟全靠百姓供奉，要是把他们都饿死了，咱以后怎么办呢？"玉帝听后无言以对，只好又把玉龙召回天上。

玉龙虽不被治罪了，但民间为了纪念他，每年二月二日那天，很早就起来炒包谷花。有的还边炒边唱："二月二，龙抬头，大仓满，小仓流。"这一习俗一直流传至今天。

四、春节诗文

新春伊始，大地复苏，万象更新。古往今来，多少文人墨客诗兴大发，赋诗言志，给后人留下了许多名篇佳句。

唐代诗人孟浩然，由于得不到进仕的机会，徜徉于山水之中，写下了许多反映隐逸生活的诗歌。《田家元日》写的正是他在故乡鹿门隐居中过春节的心境。诗云："昨夜斗回北，今朝岁起东。我年已强壮，无禄尚忧农。桑野就耕父，荷锄随牧童。田家占气候，共说此年丰。"

宋代王安石《元日》："爆竹声中一岁除，春风送暖入屠苏。千门万户瞳瞳日，总把新桃换旧符。"在爆竹声中，一年过去了，春风把暖和的空气吹来，送来了屠苏美酒。在东方初升的太阳下，千家万户都在更换旧的桃符，以迎接新年的到来。这首诗通过元日早晨家家户户喜庆景象的描写，反映了诗人坚持改革变法的坚定信念和欢快心情。

南宋民族英雄、诗人文天祥，为了保住宋朝一角河山，进行过不屈不挠的斗争，被虏囚于牢狱中，除夕之夜写下《除夜》诗一首："乾坤空落落，岁月去堂堂。末路惊风雨。穷边饱雪霜。命随年欲尽，身与世俱忘。无复屠苏梦，挑灯夜未央。"按理说，除夕之夜该是全家团聚喝"屠苏酒"的时候，可是，当今"乾坤空落落，岁月去堂堂"，这样漫漫的长夜，何时才能到明天呀！道出了作者感怀之情，表现了诗人忧国忧民的高尚品质。

南宋著名诗人辛弃疾，曾元日投宿博山野寺中，故地重游，感叹其志。壮志未酬，慨然赋词《水调歌头》："头白齿牙缺，君勿笑衰翁。无穷天地今古，人在四之中。臭腐神奇俱尽，贵贱贤愚等耳，造物也儿童。老佛更堪笑，谈妙说虚空。坐堆逐，行答飒，立龙钟。有时三盏两盏，淡酒醉蒙鸿。四十九年前事，一百八盘狭路，柱杖倚墙东。老境竟何似，只与少年同。"

南宋诗人姜夔于1191年除夕，从石湖范成大的别墅乘船而归。途中梅花馨香扑鼻有感而作《除夜自石湖归苕溪》诗一首，颇为别致。诗云："细草穿沙雪半消，吴宫烟冷水迢迢。梅花竹里无人见，一夜吹香过石桥。"

新春即将降临，积雪刚刚融化了一半，小草就从沙地里露出了头。可是吴国王宫的旧址一片寒烟荒草，只有那河水向着遥远的方向流淌。然而，竹丛里开着的梅花却未被人发现，让那幽香一夜地喷着，行船就在这幽香中穿过，经过了一个石桥又一个石桥。短短的绝句，使诗人那种喜悦的心情跃然纸上。

端午节

端是"最初"、"开端"的意思，所以我们也称初五为端午。农历的五月初五，我们俗称"端午节"。端午节是我国的传统节日。提到端午节，我们眼前一般就会出现众人赛龙舟的场面，耳边传来"嘿呵"的划桨之声，清新的粽子叶的味道飘散在空气中，让人垂涎三尺。尽管各地吃粽子的意义不一样，粽子的内容和做法也不尽相同，但是，都不约而同地反映了人民的美好愿望。

一、端午节的别称

农历的五月初五，我们俗称"端午节"。端是"最初""开端"的意思，所以我们也称初五为端五。在我国农历是以"地支"记载月份，分为十二地支，分别为子、丑、寅、卯、辰、巳、午、未、申、酉、戌、亥。正月即一月为寅，二月为卯，顺次下来五月就是午，所以五月就称为午月，端五也就是端午了。其实，根据统计，端午节的别称达到了二十多个，可以说是节日中的别称之最了。例如有端午节、端五节、端阳节、重五节、重午节、天中节、夏节、五月节、菖蒲节、龙舟节、浴兰节、解粽节、午日节、女儿节、地腊节、诗人节、龙日等等。其中，端午节、端五节、重五节、重午节是用地支来命名的，我们在上面已经介绍过。端阳节，根据史书上面的记载，五月为仲夏，仲夏登高，阳光正好照在头顶，是天气好的日子，所以称之为"端阳节"。天中节，古代的人认为，五月五日正好是太阳在人的头顶之时，所以称之为"天中节"。浴兰节，端午正是夏天要到来的时候，夏天也是皮肤病多发的季节，古代的人就用兰草的汤来沐浴，以达到去除污秽、清洁全身的效果，所以称为"浴兰节"。解粽节，古代的人在吃粽子的时候，会玩一个游戏，就是把各家包粽子的叶子解下来比较长短，粽子叶长的一方就获胜，所以称为"解粽节"。女儿节，端午节又有女儿节之称，因为在五月初五的时候，未出嫁的女孩儿都各自打扮，十分可爱；而出嫁了的女子都要回自己的娘家去，和自己的父母度过这个节日，这对于古代出嫁的女子来说，应该是一个十分开心的日子。菖蒲节，古代的人认为，端午节是一个很不吉利的日子，在这个时

候，五毒尽出，会对家人的健康不利，所以家家都会驱邪避毒，在门上悬挂菖蒲（一种草的名称），所以也素有"菖蒲节"之称。

以上简单介绍了端午节的几个别称的由来，都是根据古代各地的习俗产生的叫法。时至今日，端午节仍是一个十分盛行的隆重节日，我们每年都会庆祝端午节的到来。尤其是2008年起，端午节已经成为我们国家的法定假日，该民俗也经国务院批准列入第一批国家级非物质文化遗产。关于端午节，在各地都有不一样的习俗和传说，也产生了节日庆祝的地区差异。深入了解端午节以及我们国家的每一个传统的节日，是我们每一位炎黄子孙的责任。

二、端午节民间传说

关于端午节的来历，有很多传说，每一个传说都代表了不同的意义，也表达出了古代人民疾恶如仇、质朴善良的本质。其中有三个传说广为传颂。

（一）纪念中国伟大的浪漫主义诗人——屈原

屈原，战国时期楚国人，是中国伟大的浪漫主义诗人之一，也是我国现今可考的最早的著名诗人和政治家。他创立了"楚辞"（即辞赋）这种文体。代表作品有《离骚》《九歌》《九章》《天问》等。中学课本收录了《离骚》，它是我国最早的抒情诗。在诗中，作者大量采用夸张的浪漫主义表现手法，运用了很多比喻，如他以香草比喻诗人品质的高洁；以男女关系比喻君臣关系；以驾车马比喻治理国家等，无情地揭露了统治集团的丑恶，抨击了他们的奸邪、纵欲、贪婪、淫荡和强暴。同时，他也塑造了坚持正义、追求真理、不避艰难、不怕迫害、热爱乡土和人民的人物形象。据说当年屈原在写作《离骚》的时候，情难自禁不免大声吟诵，忽然窗外传来一阵阵的哭声，屈原很惊讶，走出去看是何人在痛哭。痛哭的人们答道，他们是野鬼，听到屈原这样忧国忧民，不免也感怀身世，并且替屈原感到难过。于是有了"一曲离骚山鬼哭"的说法，可见屈原当时是多么的忧伤和无奈。

屈原本是楚国贵族中杰出的人才，精通历史、文学与神话，洞悉各个国家的形势和治理国家的政策，他有勇于改革的精神，但是正是这些优点，招来了楚国贵族大臣们的反对和嫉妒。这些贵族只是想维护自己的特权，却把国家的长远利益置之脑后。他们不断向楚怀王说屈原的坏话，不明是非的楚怀王听信了谗言，于是渐渐疏远了屈原。战国本是齐、楚、燕、韩、赵、魏、秦七雄争霸的混乱时

期，秦国任用商鞅变法后日益强大，常对六国发动进攻，当时只有楚国和齐国能与之抗衡。鉴于当时形势，屈原主张改良内政、联齐抗秦，因而侵害了上层统治阶级的利益，遭到了受秦国贿赂的楚怀王的宠姬郑袖、上官大夫、令尹子兰的排挤和陷害，于是被赶出了楚国都城，流放到了湘水一带。在长期的流放生活中，屈原没有屈服。他坚持自己的政治主张，决不随波逐流，还写下了许多不朽的诗篇，屈原在长期的流放过程中，精神和生活上所受的摧残和痛苦是可想而知的。

一天他正在江边吟诵诗歌，遇到一个打渔的老人，老人见他面色憔悴、形容枯槁，就劝他要想开些，随和一点，和权贵们同流合污。屈原说道："如果要我与他们同流合污的话，还不如让我葬身鱼腹，怎么能让一身的洁白，去蒙上不干净的灰尘呢？"通过这些话，我们可以看出，屈原宁肯去死，也不肯与那些贵族成为一丘之貉。公元前278年，秦军攻破楚国的都城。屈原看到自己的祖国被侵略，精神上受到了巨大的打击，眼看国破家亡，却无法施展自己的力量去拯救国家，他心如刀割，但是始终不忍舍弃自己的祖国。他内心极端的失望与痛苦，于五月五日，在写下了绝笔作《怀沙》之后，他来到了汨罗江边，抱石投江而死，以自己的生命谱写了一曲壮丽的爱国主义乐章。

传说屈原投江之后，楚国百姓万分悲痛，纷纷自发去汨罗江边悼念屈原。他们划着船只，去江里打捞屈原的尸体。有位渔夫把饭团、鸡蛋等食物丢到江里，说是让江里的鱼虾吃饱了，它们就不会去咬屈原大夫的尸体了。人们见到后也纷纷往水里扔食物。后来人们想出用楝树叶包饭，外缠彩丝，发展成了粽子。一位老医师把一坛雄黄酒倒到江里，说蛟龙水兽害怕雄黄酒，这样就不能伤害屈原大夫了。一些年轻人把船都扎成龙的样子，并且在船上呐喊击鼓，以此来吓跑水里的怪兽。这些都发展成习俗，在五月初五这天用来纪念爱国诗人屈原。

（二）纪念"涛神"——伍子胥

在我国江浙一带，认为端午节最早其实是为了纪念春秋时期吴国大夫伍子胥。由于伍子胥尸沉于钱塘江之事比屈原投江要早，故有说纪念伍子胥为端午节的由来。

伍子胥，春秋时期楚国人。他的家族在楚国非常有名，先祖伍举是有功劳的楚国名臣，他的父亲伍奢是楚国太子的老师，可谓是名门望族。但是天有不测风云，公元前522年，伍子胥父兄被楚平王杀害。伍子胥逃离楚国，投奔吴国。相传他在逃亡过程中饥饿难忍，在溪边遇到一位洗衣服的姑娘，就上前乞讨。姑娘很善良，给他饭吃，他希望姑娘不要泄露他的行踪，那位姑娘为了让伍子胥放心就决然地跳入江中，伍子胥伤感不已。后来，伍子胥在吴国当上了大官之后，想到要报恩，又不知道姑娘家的地址，就把千金都投到了当年姑娘跳水的地方。这就是"千金小姐"的由来。伍子胥顺利地逃亡到吴国后，认识了吴国的公子光，他帮助公子光得到了王位，这位公子就是吴王阖闾。伍子胥忠心耿耿辅佐吴王，得到了信任后，成为宰相。他帮助吴国攻打楚国，为了报仇，挖出了楚平王的尸体，鞭打了三百多下才罢手。伍子胥具有雄才大略，又深得吴王阖闾信任。在那一段时期，吴国国力达到了鼎盛，国家出现了繁荣安康的局面。吴王阖闾去世后，伍子胥辅佐夫差即位，帮助吴国打败越国。他主张一定要彻底灭掉越国，但是夫差盲目自大，认为被打败了的越国没有危险性，加上听信小人的谗言，就允许越国保存下来。伍子胥的再三劝说惹怒了夫差，于是下令伍子胥自杀。伍子胥在临死前对朋友说："你们一定要在我的坟上种树，等

树木长大后做棺材，你们要把我的眼睛挖出来，挂在城门上面，让我看着吴国灭亡。"吴王夫差听到了大怒，就命令人把伍子胥的尸体装到皮革里面，投入大江。伍子胥死后的第三年，吴国被越国所灭，夫差自杀，人们更加怀念伍子胥。我们或许无法知道，对伍子胥来说，吴国究竟是什么？是帮他复仇的工具，还是个实现抱负的舞台？我们只能从青史中看到，伍子胥为了吴国倾尽了自己的心力。可即便如此，他也逃不出为人臣者的悲剧命运。五月初五，这一日他永远告别了对他至关重要的吴国，沉入了滚滚的波涛……千百年来，江浙一带相传伍子胥死后忠魂不灭化为了涛神，端午节变成了纪念伍子胥之日。每年农历五月初五，浙江上虞人民要划着龙舟迎涛而上，迎接"伍君"，而所谓"伍君"便是伍子胥。

（三）纪念东汉孝女——曹娥

提到曹娥，就不得不提到曹操和杨修。当年曹操和杨修骑马而行，路经曹娥碑，他们看见碑上刻了"黄绢幼妇外孙齑臼"八个字，曹操就问杨修是否理解这八个字的含义。杨修稍思片刻，刚要说话，曹操就说："你先别讲出来，让我好好想想。"他们继续走路，过了能有三十里的路程之后，曹操就说："我已经知道那八个字的意思了，你先说说你的理解，看看我们是否想的一样。"杨修就答道："黄绢，有颜色的丝，合在一起就是一个'绝'；幼妇是少女的意思，合在一起为'妙'；外孙是女儿的儿子，是一个'好'字；齑臼是受的意思，为辞。合起来是'绝妙好辞'，是对曹娥的碑文的赞美啊！"曹操听后大声赞叹说："你的思维比我的快了三十里路啊！"当然，在名著《三国演义》中，杨修的才华也恰恰招来了曹操的厌恶，最后曹操找了个借口杀掉了他。上面用那么深奥有趣的语言委婉地表达了对曹娥碑文的赞美，可见曹娥也是巾帼英雄。那么曹娥到底是谁呢？端午节又和她有什么关系呢？

曹娥是上虞皂湖乡曹家堡人，他的父亲叫曹盱，是一位精通巫术的巫师。在一次祭祀过程中，曹盱驾着船在舜江迎接涛神伍君，不小心掉进江中溺死了，很多天都没有找到他的尸体。那时的小曹娥年仅14岁，她沿着舜江一路哭喊着找寻她的父亲，但是他的父亲再也没有回来。就这样过了十七天，在五月初五这天，曹娥也跳入了江中，三天后她抱出了父亲的尸体。后人为了纪念曹娥的这一感人事迹，就把舜江改名为曹娥江，后来上虞这个地方的县令就给曹娥立了一块石碑，写明了她的事迹，以此来表彰她的孝心。后来东汉著名的文学家、书法家蔡邕来观看此碑，但他到的时候已经是晚上了，于是他用手抚摸石碑读完了碑文，就在碑的后面题写了八个字，这就是曹操和杨修所猜的那八个字。这是一个谜面，谜底就是"绝妙好辞"。孝女曹娥的墓碑在今天的浙江绍兴，后来人们为了纪念曹娥的孝节，在曹娥投江之处兴建了曹娥庙，把她所居住的村镇改名为曹娥镇。所以端午节是为了纪念投江寻找父亲的孝女曹娥。

以上是关于端午节的来历的民间传说。其实无论是纪念屈原、曹娥还是伍子胥，都赞扬了中国劳动人民几千年流传下来的淳朴美好的品质，在艰难困苦的环境中表现出来的永不屈服的精神。这些都是今天的我们要从中学习和体会的。端午节不仅仅是一个节日，通过它，我们可以感受到很多内在的东西，中华民族的优良传统也就此沿袭了下来。

端
午
节

三、端午节的食俗

端午节的时候，家家都会吃香喷喷的粽子。有的是自己家包的，有的是从市场买回来的，粽子里面的馅儿也都是五花八门，越来越独特、新颖。但是，在几千年以前，刚刚出现端午节的时候，我们的祖先吃的却不是粽子。

最早出现端午节要吃东西的习俗，应该追溯到西汉时期。《史记·武帝本纪》注引如淳言："汉使东郡送枭，五月五日为枭羹以赐百官。以恶鸟，故食之。"大意就是汉朝的使节在端午时节进贡一种叫做枭的大鸟，皇帝在五月五日的时候，命人把这种大鸟做成粥，赏赐给百官品尝。因为枭这种鸟是不吉利的恶鸟，所以要吃掉它以保佑国泰民安。那么为什么我们现在吃的却不是这种叫做枭的鸟呢？首先，可能枭这种鸟在繁衍的过程中生态遭到了破坏，所以灭绝了；其次，可能是枭这种鸟不太好捉，很早以前人们就认识到了这一点，也就不再费力去捉它了，所以吃枭羹的这一习惯就没有保存下来。

既然大鸟我们是吃不到了，我们就改吃既省事又美味的粽子吧。端午节食物的主角粽子，在东汉出现，但是直到晋朝，端午节吃粽子才成为家喻户晓的习俗。《风土记》一书曾提到："五月五日，与夏至同……先此二节一日，又以菰叶裹黏米，杂以粟，以淳浓灰汁煮之令熟。"用菰叶包卷着掺杂了粟的黏米，放到淳浓灰汁里面煮熟，《风土记》一书称它为"角黍"，这个被称为"角黍"的食物，由于和屈原的传说附会在了一起，成为人们喜爱的食物，这就是现在我们吃的粽子。

从《风土记》中记载的做法来看，当时的粽子是以黍为主要原料的，黍在古代专指一种果实叫黍子的一年生的草本植物，这种植物的果实煮熟后有粘性，可以酿酒、做糕等。除了黍子以外，不添加其余馅料。几千年后的今天，在讲究饮食的中国人巧手经营之下，我们所看到的粽子，无论是造型还是里面的内容，都有着五花八门的变化。

先就造型材料而言，各地的粽子有三角形、四角锥形、枕头形、小宝塔形、圆棒形等。粽叶的材料则因地理位置的差异而不同。南方因为盛产竹子，就地取材以竹叶来捆绑粽子。一般人都喜欢采用新鲜竹叶，因为干竹叶绑出来的粽子，熟了以后没有新鲜竹叶清香的味道。北方人则习惯用芦苇的叶子来绑粽子。苇叶的叶片是细长的，所以要两三片重叠起来使用，煮熟了以后也会散发出苇叶的淡淡清香。

就口味而言，粽子馅有荤有素，有甜有咸。北方的粽子以甜味为主，吃的时候可以根据口味适量放一些白砂糖；南方的粽子则甜少咸多。料的内容，则是最能突显地方特色的部分。但在如今，交通的便利，各地文化习俗的交汇融合，使南北的差异不是那么明显了，在全国各地，几乎都能吃到南北口味儿的粽子。

下面简单介绍一下几个地方的特色粽子。

北京的粽子大约可分为三种：一种是纯用糯米制成的白粽子，蒸熟以后蘸着糖吃；另一种是小枣粽，馅心以小枣、果脯为主；第三种是豆沙粽，比较少见。华北地区另有一种以黄黍代替糯米的粽子，馅料用的是红枣。蒸熟之后，只见黄澄澄的粘黍中镶嵌着红艳艳的枣，有人美其名为"黄金裹玛瑙"，听这个名字就叫人垂涎三尺。

闽南的粽子分碱粽、肉粽和豆粽。碱粽是在糯米中加入碱液蒸熟制成的。具有粘、软、滑的特色。放在冰箱里面加以冷藏之后再加上蜂蜜或糖浆尤为可口。肉粽的材料有卤肉、香菇、蛋黄、虾米、笋干等，以厦门的肉粽最为出名。豆粽则盛行于泉州一带，用九月的豆混合少许盐，配上糯米裹成。蒸熟，豆香扑鼻，也有人蘸上白糖来吃。

浙江的湖州粽子，米质香软，分为咸、甜两种口味。咸的以新鲜猪肉，浸泡上等酱油，每只粽子用肥、瘦肉各一片作馅。甜粽以枣泥或豆沙作为馅，上面加一块猪油，蒸熟，猪油融入豆沙，十分香滑可口。其中嘉兴"五芳斋"出品的粽子尤其著名，馅料都经过专人选择，有八宝粽、鸡肉粽、豆沙粽、鲜肉粽等，都各具特色。

四川的鲜肉粽也别具特色。先将糯米、红豆浸泡半日，加入花椒面、川盐及少量的腊肉丁，包成四角形的小粽子。用大火煮三个小时，煮熟后放在铁丝网上，用木炭烤成黄色。吃起来外焦里嫩，颇具风味。

广东的中山芦兜粽，是圆棒子形状的，像手臂一样粗。也分甜、咸两种口味。甜的有莲蓉、豆沙、栗蓉、枣泥，咸的有咸肉、烧鸡、蛋黄、甘贝、冬菇、绿豆、叉烧等。

我国少数民族的粽子也各有各的特色。

瑶族做粽子用糯米配腊肉条、绿豆，包"枕头粽"，从外形上看好像一个枕头，每个约 250 克。也有在糯米中加红糖、花生等制成素馅的凉粽子。

畲族的粽子，民间也称为牯角。用箬叶将糯米包成四个角。再用龙草捆扎，十个一串，有的人家还要在包粽子时加菜、肉、红枣等作馅。煮粽常用灰碱水，粽子煮好后，色黄气香，存放半月也不会坏掉。

傣族过端午也吃粽子，还要过"粽子节"。据说"粽子节"是为了纪念一对因婚姻遭父母反对而殉情的青年男女。在这一天，凡是未婚的傣家小伙子都要拿粽子，与姑娘们相会在大龙潭的芒果树下，未婚的青年男女都身着盛装围成圈，姑娘唱起情歌，小伙子们吹叶子伴奏。然后，小伙子把粽包掷给自己所看中的姑娘，若姑娘也有意，就拾起粽包，双双到附近僻静处谈情说爱，至日落西天时才离去。

毛南族也过端午节，但节日的意义与汉族不同，毛南族人称为"药节"。过药节时，习惯采艾叶、菖蒲、黄姜等草药熬水饮汁，或用这些草药作馅包粽子食用。他们认为端午吃这种馅儿的粽子可以解毒去病。

　　其实，端午节吃粽子并不只是我们中国人的饮食习惯，在世界很多的地方，也都有不同的吃粽子的习俗。

　　日本的端午节又称儿童节，是男孩子的节日。这一天有男孩子的家庭，竖起鲤鱼旗，吃粽子和柏叶饼来祝贺。竖鲤鱼旗是希望孩子像鲤鱼那样健康成长，有中国"望子成龙"的意思。另外，为了避邪，把菖蒲插在屋檐下，或将菖蒲放入洗澡水中。说到避邪，还有着这么一个传说：从前，有个叫平舒王的君主，诛杀了一个不忠之臣，这个奸臣死后化为一条毒蛇，不断害人。有个有智谋的大臣，头戴红色的蛇头，身上洒满菖蒲酒与之激战，最终制服了毒蛇。从此，在端午节时，插菖蒲、熏艾叶、喝菖蒲酒，就流传开来，成为传统的风俗。端午的习俗是在日本的平安时代以后由中国传入日本的。到现在，与中国的意义大不相同了。中国是在阴历五月初五这一天为纪念屈原而吃粽子和举行赛龙舟活动的；在日本，主要是为了避邪而吃粽子和柏叶饼，所吃的粽子不是用糯米做的，而用粉碎的米粉做的，粽子的形状也与中国的不同，普遍将粽子包成锤子形状。虽说中日两国的端午节意义已不相同了，但中国有插艾蒿避邪风俗，日本有插菖蒲避邪之说；中国有鲤鱼跳龙门的故事，日本有挂鲤鱼旗的风俗。可见中日两国的文化还是源远流长的。

　　缅甸人也喜爱吃粽子，但和端午节没有什么联系。只是一种人人喜爱的小吃。他们用糯米为原料，用成熟的香蕉和椰蓉作馅，这样做成的粽子酥软、甜滋滋的，吃时香味扑鼻，令人回味无穷。

　　越南人的粽子是用芭蕉的叶子包裹的，有圆形和方形两种。他们认为，圆形粽子代表天空，方形粽子代表大地，天地合一，大吉大利。端午节吃粽子可以求得风调雨顺，五谷丰登。粽子按口味分为咸粽、碱粽和肥肉粽。咸粽是用糯米加虾米、瘦猪肉、红豆，再加半只咸蛋包成的；碱粽是用糯米粉加椰丝、虾米、绿豆包成菱形，蘸糖吃；

肥肉粽用糯米、肋条肉、虾米、绿豆和五香调料包成，煮熟切片而食。

新加坡人都很爱花，每当有客人来访时，主人都会送上几束花，还会端来花汁浸染做成的粽子请客人来品尝。这种花汁粽子是用绿叶包成多角形状，只有鸡蛋那么大，展开绿叶后里面是由花汁染成淡绿色的米粉精制而成的，色泽诱人，不但吃起来清新可口，还是一件别致的工艺品。

马来西亚人所做的粽子与广东一带的粽子有点相似，除了较常见的鲜肉粽子和火腿粽子等品种外，还有豆沙和椰蓉等几种粽子，香甜可口，美味醇香。

印度尼西亚人对粽子馅要求特别讲究，有猪肉馅、牛肉馅、鸡肉馅、腊肉馅、火腿馅，还有广味香肠馅、虾肉馅、鱼肉馅。印度尼西亚的粽子是用粳米做的，比糯米更容易消化，加上竹叶诱人的香气，很能引起人们的食欲。

菲律宾人做出的粽子是长条形的，风味与中国浙江一带的粽子相同。粽子是菲律宾人过圣诞节必不可少的食物。

泰国人在每年四月泼水节或七至九月雨季的时候吃粽子。泰国粽子以甜味为主，包粽子前，先将糯米泡在椰汁里面，使之具有椰味清香。粽子馅用椰子、黑豆、芋头、地瓜等做成，外形小巧精致，泰国粽子有蒸和烤两种吃法。泰国人包裹的粽子个头很小，就像鸡蛋那么大，因为是用绿色的粽子叶包裹，所以蒸熟后呈淡淡的绿色，味道十分清香。

哥斯达黎加的粽子是用经过特别工艺加工的、带有粘性的玉米粉为主要原料，配以鸡肉、牛肉、胡萝卜、土豆、橄榄、辣椒等。有的还要浇上牛肉汁，然后用新鲜的香蕉包成扁方形。吃起来十分润滑可口，香而不腻。

秘鲁人是在圣诞节时吃粽子，全家人围坐在一起，边欢庆圣诞节边吃粽子，甚至已出嫁的女子也赶回娘家，再品尝娘家粽子的风味。

委内瑞拉人也是在圣诞节的时候吃粽子。每逢圣诞来临，委内瑞拉家家户户都要包裹粽子，这已成了当地的习俗。届时，连平日卖点心的店铺也堆满了粽子。这种粽子以玉米面为主料，以火腿、腊肉或香肠为馅料，还加进橄榄、葡萄干，用新鲜蕉叶包成长方形，每个重约半公斤。焙干蕉叶，粽子即熟，剥开粽子，清香四溢。

墨西哥也有吃粽子的习俗，他们把粽子称为"达玛尔"。主料是粗颗粒的玉米面，用肉片和辣椒作馅，用玉米叶子或香蕉叶子包成，别有风味。有"粽子节"以欢庆玉米丰收，在节日中，家家户户用芭蕉叶包玉米和牛肉、鸡肉、胡萝卜、土豆、辣椒等，煮熟后食用。

拉丁美洲人的粽子有其特别来历。四百多年前，西班牙殖民主义者统治了拉丁美洲的大部分地区，印第安人被迫远离家乡去服苦役。妇女们为了让丈夫和儿子能够在路上吃到可口的饭菜，就把蒸熟的玉米粉和土豆、胡萝卜一起用香蕉叶包裹起来，作为路上的干粮。

尽管各国各地吃粽子的意义不一样，粽子的内容和做法也不尽相同，但是，都不约而同地反映出了人民的美好愿望。各个地方的人们都发挥出了自己的聪明才智，根据不同的地理环境，不同的民族特色，不同的地域文化，创造出了各具特色、五花八门、风味不一的粽子，也说明了各个地区、各个国家之间的文化交流应该永无止境地发扬下去。

四、端午节的习俗

（一）贴桃符、悬挂镜子或钟馗像

很早以前，在端午的时候，民间流行家家户户门上贴桃木做成的印章。桃木是民俗中驱鬼之物，桃树成为驱鬼的"符"，最早见于《山海经》。相传在远古时代，东海有一座古老的山叫度朔山，山上风景秀丽，有一片桃林，其中有一株桃树巨大无比，枝繁叶茂，树枝长有三千里，结的桃子又大又甜，人吃了这树上的桃子能变成神仙。一个漆黑的夜晚，有个青面獠牙、红发绿眼的鬼怪想偷吃仙桃。桃林主人神荼、郁垒两兄弟用桃枝打败鬼怪，并将其用草绳捆着喂了看山的老虎。从此，两兄弟的大名令鬼怪为之惧怕，他们死后变为专门惩治恶鬼的神仙。后人用一寸宽、七八寸长的桃木板画上神荼、郁垒两神仙像挂在自家门两侧，以驱鬼祛邪，这种桃木板被称作"桃符"。

到了唐代的时候，在五月五日中午在扬州扬子江心铸造铜镜，用来进贡皇帝，这面镜子又称为"天子镜"，也有避邪之意。所以后来人们也在端午节的时候往门上悬挂一面镜子用来遮挡邪气。

在江淮地区，端午节家家都悬挂钟馗像，用以镇宅驱邪。这个习俗也是由唐代传下来的。唐开元年间，唐明皇自骊山讲武回宫，疟疾病发作。梦见有两只鬼，一大一小，小鬼穿大红无裆裤，偷杨贵妃的香囊和明皇的玉笛，绕殿而跑；大鬼则穿蓝袍戴帽，捉住小鬼，挖掉小鬼的眼睛，一口吞了下去。大鬼奏曰："臣姓钟名馗，每次考武举人都没考上，愿意为陛下铲除妖魔。"明皇醒后，疟疾病全好了，于是令当时的画家吴道子，照梦中所见画成钟馗捉鬼的画像，命令全天下在端午节的时候，一律张贴这种画，来驱邪魔恶鬼。

（二）挂艾叶、菖蒲

《荆楚岁时记》载："采艾以为人，悬门户上，以禳毒气。"这是由于艾叶为重要的药用植物，可捣碎了制成草药来治病，又可以驱赶蚊虫。在端午节，家家都以菖蒲、艾叶、榴花、蒜头、龙船花，制成人的形状称为艾人。用菖蒲作剑，插于门楣，有驱魔祛鬼之神效。菖蒲为天中五瑞之首，象征除去不祥的宝剑，叶片呈剑型，插在门口可以避邪。所以人们称它为"水剑"，后来也有人管它叫做"蒲剑"，可以斩千邪。清代顾铁卿在《清嘉录》中有一段记载："截蒲为剑，割蓬作鞭，副以桃梗蒜头，悬于床户，皆以却鬼。"大意就是用菖蒲祛除邪鬼的方法。而晋代《风土志》中则有："以艾为虎形，或剪彩为小虎，帖以艾叶，内人争相裁之。"可见除采艾叶扎作人外，也将艾叶扎作虎形，称为艾虎。妇女和孩子们都要佩戴，用来避邪驱瘴。

艾草代表招来百福，是一种可以治病的药草，插在门口，可使身体健康。在我国古代，艾草就一直是药用植物，针灸里面的灸法，就是用艾草作为主要成分的，将其放在穴道上进行灼烧来治病。有关艾草可以驱邪的传说之所以流传很久，主要就是因为它具备医药的功能。

还有很多地方的习俗是挂石榴花、胡蒜或山丹。胡蒜能够除邪治虫毒；山丹能治疗癫狂。石榴花正是这个季节的花卉，而石榴皮又是治病的良药。至于为什么要悬挂石榴花，这里面还有一个小故事。相传在唐末黄巢之乱的时候，有一次黄巢经过一个村落，正好看到一位妇女背上背着一个年纪较大的孩子，手上牵着一个年纪较小的，黄巢非常好奇，就询问原因。那位妇人不认识黄巢，所以就直接说是因为黄巢来了，杀了叔叔全家，只剩下这个唯一的血脉，所以万一无法兼顾的时候，只好牺牲自己的骨肉，保全叔叔的骨肉。黄巢听了大受感动，并且告诉妇人只要门上悬挂石榴花，就可以避战乱之祸。

（三）饮雄黄酒

传说屈原投江之后，一位老医生拿来

一坛雄黄酒倒入江中，说是可以药晕蛟龙，保护屈原。一会儿，水面果真浮起一条蛟龙。于是，人们把这条蛟龙扯上岸，抽其筋，剥其皮，之后又把龙筋缠在孩子们的手腕和脖子上，再用雄黄酒抹小孩儿的耳、鼻、额头、手、足等处，以为这样便可以使孩子们免受虫蛇伤害。在《白蛇传》中，也提到过白娘子喝了雄黄酒之后现原形的故事。身为白蛇的白娘子美丽善良，与许仙真心相爱。但是金山寺的法师法海却认为白娘子是妖精，会祸害民间。他悄悄地告诉许仙，白娘子是白蛇化身而成，还教许仙怎样识别白蛇。许仙将信将疑。转眼端午节到了，老百姓都喝雄黄酒避邪，许仙按照法海教的办法，逼迫白娘子喝雄黄酒。白娘子这时候已经怀孕，她推却不了许仙的恭敬，喝了酒后，马上现出蛇的原形，许仙立刻被吓死了。白娘子为了救活许仙，不顾自己怀孕，千里迢迢来到昆仑圣山偷盗起死回生的灵芝草。白娘子与守护灵芝草的护卫拼命恶战，护卫被白娘子感动了，将灵芝赠给她。许仙被救活以后，知道白娘子真心爱自己，于是夫妻更加恩爱。且不说这个美丽动人的神话故事，单单就白娘子显现原形这一事件，可以说明人们认为雄黄酒完全能够驱妖除魔。这就是端午节饮雄黄酒的来历。至今，我国不少地方都有喝雄黄酒的习惯，尤其在长江流域地区更为盛行。

（四）赛龙舟

赛龙舟是端午节的重要活动。当时楚国人因为舍不得贤臣屈原大夫死去，于是有许多人划船追赶营救。他们争先恐后，追到洞庭湖的时候不见其踪迹，这就是赛龙舟的起源。后来每年的五月五日大家都用划龙舟的方式纪念屈原，借划龙舟驱散江中的鱼，以免鱼吃掉屈原的尸体。这个赛龙舟的习惯，盛行于吴、越、楚等地。

（五）端午斗草

汉代以前没有斗草的游戏，

现在已经无法考证起源的问题了。在南北朝时期称为"踏百草"，唐代称"斗草"或"斗百草"。现在的人们普遍认为这与中医药学的产生有关。远古先民艰苦求存，生活十分的单调，在闲暇的时候就以斗草、斗虫、斗兽等作为游戏自娱自乐。后来人们到了端午节的时候就集体出门去采药，采药之后，会举行比赛，以对仗的形式互相报草药的名字，报的多的就是胜利的一方。在游戏的过程之中，包含了很多中医药学、文学方面的知识，十分奇妙有趣。儿童把树叶植物的叶柄互相勾住，捏住两端用力拽曳，叶梗断了的一方就输了，就再换一枚叶子比试。白居易的诗《观儿戏》中所说"弄尘或斗草，尽日乐嬉嬉"就是指这个游戏。这种以人的拉力和草的受拉力的强弱来决定输赢的斗草，被称为"武斗"。斗草除有"武斗"外，还有"文斗"。所谓"文斗"，就是对花草名。女孩们采来百草，以对仗的形式互报草名，谁采的草种多，对仗的水平高，坚持到最后，谁便赢。因此玩这种游戏没点植物知识和文学修养是不行的。在我国古典四大名著之一的《红楼梦》中，就提到过斗草的游戏。在第六十二回中："宝玉生日那天，众姐妹们忙忙碌碌饮酒做诗。各屋的丫头也随主子取乐，薛蟠的小妾香菱和几个丫头各采了些花草，斗草取乐。这个说：'我有观音柳。'那个说：'我有罗汉松。'突然豆官说：'我有姐妹花。'这下把大家难住了，香菱说：'我有夫妻穗。'豆官见香菱答上了不服气地说：'从来没有什么夫妻穗！'香菱争辩道：'一枝一个花叫兰，一枝几个花叫穗。上下结花为兄弟穗，并头结花叫夫妻穗，我这个是并头结花，怎么不叫夫妻穗呢？'豆官一时被问住，便笑着说：'依你说，一大一小叫老子儿子穗，若两朵花背着开可叫仇人穗了。薛蟠刚外出半年，你心里想他，把花儿草儿拉扯成夫妻穗了，真不害臊！'说得香菱满面通红，笑着跑过来拧豆官的嘴，于是两个人扭滚在地上。众丫鬟嬉戏打闹，非常开心。这时，宝玉也采了些草来凑热闹。"这一段就写的是贾府的丫鬟们斗草取乐的事情。古人的诗词里也多有对"斗草"的描写，多和女性有关。据说这还成了妇女游戏的"专利品"。如宋代词人晏殊所做《破阵子》："燕子来时新社，梨花落后清明。池上碧苔三四

点，叶底黄鹂一两声，日长飞絮轻。巧笑东邻女伴，采桑径里逢迎。疑怪昨宵春梦好，原是今朝斗草赢，笑从双脸生。"讲的就是女孩儿斗草胜利后喜悦的姿态。

（六）采药、沐浴、制茶等卫生习俗

由于夏季天气燥热，人容易生病，瘟疫也很容易流行；加上蛇虫繁殖，会咬伤人，所以要十分小心，这才形成在端午那天采药、沐浴等习惯。这些是看似迷信，但又是有益于身体健康的卫生活动。

采药是端午最古老的习俗之一。《岁时广记》卷二十二云："五月五日，竞采杂药，可治百病。"后来有不少地区有端午捉蛤蟆的习俗，也是作为制药所用。如江苏人于端午日捉蛤蟆，刺取其沫，制作中药蟾酥；杭州人还给小孩子吃蛤蟆，说是可以消火清凉、夏天不生脓疮。还有在五月五日给蛤蟆口中塞墨锭，再悬挂起来晾干，即成蛤蟆锭，涂于脓疮上可使之消散。这种捉蛤蟆制药的习俗，源于汉代"蟾蜍辟兵"之传说。《淮南子》云："蟾蜍万岁者，头上有角，额有丹书八字，五月五日午时取之阴干，百日，以其足划地，即为流水。能辟五兵，若敌人射己者，弓矢皆反还自向也。"故事中成了精的蟾蜍，似乎还可以变化成人形自由移动。湖北地方在端午"采百草"，也是采药草之习俗。采药是因端午前后草药茎叶成熟，药性好，才于此日形成此俗。

端午日洗浴兰汤是古俗。当时的兰不是现在的兰花，而是属于菊科的佩兰，有香气，可煎水沐浴。后来兰汤是很难得到的东西，所以后代的人就改用艾草来沐浴。在广东，则用艾、蒲、凤仙等花草；在湖南、广西等地，则用柏叶、大风根、艾、蒲、桃叶等煮成药水洗浴。不论男女老幼，全家都洗，此俗至今尚存，据说可治皮肤病、祛邪气。

在北方一些地区，喜欢在端午的时候采摘嫩树叶、野菜叶蒸晾，制成茶叶。广东潮州一带，人们去郊外山野采草药，熬凉茶喝，这对健康也有好处。

（七）各地不同的端午节习俗

北京一带忌讳端午节打井水，往往在节前就事先打好水，据说是为了躲避井里的毒素。市井小贩也在端午节的时候兜售樱桃和桑椹，据说在端午节吃了樱桃和桑椹以后，可以全年不误食苍蝇。各个卖饼的小店都会出售"五毒饼"，这种五毒饼是用五种毒虫花纹作为装饰刻上去的。已经许聘的男女双方的父母会在端午节互相馈赠礼品。地方官府会到城南举行聚会，邀请城中有学问的士大夫宴饮赋诗，称为"踏柳"。诗中有云："春风拂面柳如眉，踏柳寻春风中乐。"描写的就是端午时节赏春吟诗的乐趣。

山东一带的端午，每人早起都需要饮酒一杯，传说可以避邪。日照市端午时候给儿童缠七色线，一直要戴到端午节以后第一次下雨的时候，才能解下来扔在雨水里，积水的地方扔满了五颜六色的线，十分好看。临清县过端午节，7岁以下的男孩要带符，这种符一般就是麦秸做成的项链；女孩子带石榴花，还要穿上母亲亲手做的黄布鞋，鞋面上用毛笔画上五种毒虫，意思是借着屈原的墨迹来杀死五种毒虫，保佑一年里面远离疾病困扰，身体健康。有些地方在端午节早晨要用露水洗脸。

山西省解州地区的端午，男女都要戴上艾叶，称为"去疾"，也就是消灭疾病的意思。幼童则在脖子上缠绕百索，据说这是为了替屈原缚蛟龙。隰州的端午，各村要祭祀龙王，并在田间挂纸。怀仁县的端午又称为"朱门"。定襄县的端午，学生需要送节日礼物给老师，答谢老师的辛苦培养教育。潞安府在端午的时候用小麦面粉蒸团，称为"白团"，与粽子一起拿来互相馈赠。

陕西兴安州的端午，地方官率领百姓们观赏竞渡，称之"踏石"。兴平县的端午以绫帛缝制小角黍（即现今的粽子），下面再缝上一个小人偶，称为"耍娃娃"。同官县端午把蒲艾、纸牛贴到门上，称为"镇病"，就是不让疾病横行的意思。

甘肃省静宁州端午节摘玫瑰花，用蜜来腌渍，把它做成糖块

儿。镇原县的端午赠送新婚的夫妇香扇、罗绮、巾帕、艾虎。有念书的孩子的家庭，父母兄长会宴请孩子的老师，称为"享节"。漳县的端午，放牧的人会祭祀山神，堆积大量的柴草，在鸡叫前黎明焚烧，俗称"烧高山"。

江苏省嘉定县的端午，不论贫富，必须家家要买石首鱼（俗称鳇鱼或中华鲟）煮食，现在这种鱼是国家一级保护动物，不能再吃了。仪征县的端午也有"当裤子，买黄鱼"的俗谚，即使穷得连裤子都要送去当铺当掉，也要吃鱼，习俗可要遵守。南京的端午，各家都会用清水一盒，加入少许雄黄，鹅眼钱两枚。鹅眼钱是景和元年(465年)民间私铸的一种五铢钱，此钱无轮廓，钱形大小如鹅眼，入水不沉，极其轻小。早上全家大小均用这样的水洗眼，称为"破火眼"，据说可保一年没有眼疾。武进端午有夜龙舟的游戏，晚上在龙舟四面悬上小灯竞渡，且有萧鼓歌声竞相唱和，十分的热闹。高邮的端午较为特殊，有系百索子、贴五毒、贴符、放黄烟子、吃"十二红"等习俗。什么是"十二红"呢？端午"十二红"，一是取本品"红色"，二是取"红烧"之色。还有四碗八碟的说法。所谓的"四碗"，大多数是为酒后吃饭烧煮准备的菜肴：有红烧黄鱼、红烧趴蹄、红烧牛肉、红烧鸡块。所说的"八碟"，又有"四冷""四热"的分别。四冷为：一咸蛋、二香肠、三洋花萝卜、四熏鱼。四热为：一炒苋菜、二炒猪肝、三炒河虾，四脆炒鳝丝。除了这些以外，考究的人家，最后还有一个吊炉烤鸭汤上桌，这样的话就不仅有"十二红"了。孩子都流行挂"鸭蛋络子"，就是挑好看的鸭蛋装在彩线结成的络子中，挂在胸前。

四川的石柱有"出端午佬"的习俗。就是由四人用两根竹竿抬起一张铺有红毯的大方桌。毯子上面用竹篾编一个骑虎的道士。敲锣打鼓，在街上游行。很早的时候，川西还有端午"打李子"的习俗。在端午当天，成都人都买李子，于城东南角城楼下，上下对掷，聚观者数万。光绪二十一年（1895年）因投掷李子的事情，与外国传教士发生冲突，此习俗因此而被禁止了。乐山、新津等地端午赛龙舟时，还举行盛大商品交易会。来自各地的商贩都会集结起来收受买卖产品。

和甘肃省差不多，在浙江省桐卢县乡塾里面上学的儿童，端午节都会准备一份礼物送给他们的老师，称为"衣丝"。世代行医的就在中午的时候采药，相传这一天天医星会在天空中降临，保佑医生能逢凶化吉，医治好各种疾病。

江西建昌府端午的时候集结百草，熬成水来洗浴，以防止疥疮等疾病的产生。新昌县以雄黄、丹砂放在酒中喝下，称之为"开眼"。古人认为世间万事万物，只有开眼，才能够洞悉来龙去脉；人生百态百味，只有开眼，才可悟透是非曲直。所以，人们在端午饮下传说能够开眼的酒，希望能够存理智、辨是非。

湖北的黄冈市端午节在巴河镇迎接傩人，头戴花冠，身上画满花纹，敲响金钟，驱逐瘟疫。宜昌县端午节赛龙舟，但是在五月十三、十四、十五三日的活动特别盛大。五月十五又称"大端阳"，到时候家家都吃粽子、饮雄黄酒，就和端午一样了。

湖南攸县的端午，对于怀有身孕的人，家里富裕的用花来装点酒食，贫者准备鸡酒，用竹子夹楮钱，进贡在龙舟的头上祈求孕妇平安顺利地生产。岳州府的龙舟竞赛是为了平息灾害、免除疾病。还做一些草船放到江面上，以这种形式来躲避疾病的流行，称为"送瘟"。

福州端午的习俗是，媳妇在这一天要把寿衣、鞋袜、团粽、扇子进献给公公婆婆。建阳县五月初五那一天为药王晒药囊日，各家各户都在这一天做大酱。上杭县端午用小船把芦苇捆在船上面，做成龙的形状在水边嬉戏，也称为赛龙舟。仙游县端午比试完龙舟之后，在虎啸潭旁边用冥钱祭拜，用来悼念嘉靖癸年戚继光于此溺兵。戚继光是明代著名抗倭将领、民族英雄、军事家、武术家。明嘉靖二十八年，他于闽、浙、粤沿海诸地抗击来犯倭寇，历经十余年，大小八十余战，终于扫平倭寇之患。戚继光招募农民和矿徒，组成新军，纪律严明，赏罚必信，并配以精良的战船和兵械，精心训练；他还针对南方多湖泽的地形和倭寇作战的特点，审情度势，创造了攻防兼宜的"鸳鸯阵"战术，以十一人为一队，配以盾、矛、

枪、狼筅、刀等长短兵器，因敌因地变换队形，灵活作战，世人誉为"戚家军"。后世因为他的忠勇报国而在端午节来纪念他。邵武府端午节前，妇女以绛纱缝制小香包盛装符。又以五色绒作方胜，用彩线相连接，系在头上的钗上。年幼的女童则把这种小香囊放在背上，这样的小女孩被称为"窦娘"。

广东从化县，端午节正午用烧符水洗手眼之后，将水泼洒于道，称为"送灾难"。新兴县端午，人家各从其邻近的庙宇吹鼓迎接神像出巡。同时巫师用法水、贴符驱逐邪气鬼魅。石城县端午，儿童放风筝，称为"放殃"，意思是放掉灾难。

海南每逢端午节的时候，各处都会举办龙舟竞渡等活动。在如今保存最为完好的古县治城垣定安，有着五百年历史的明成化古城门洞内，仍有两个石阶叠架着两条鲜艳、修长、昂扬的龙舟。海岛的祖先，端午的时候，会扛起龙舟，奔向大河，流着汗去比赛划龙舟。素有"椰乡"之称的文昌，是宋庆龄的祖居地，临海傍河。自古以来，当地的居民每逢端午，都会举办赛龙舟的活动，祈求幸福，保佑平安。海南除了赛龙舟、吃粽子、挂菖蒲和艾草以外，还有一个海岛百姓都熟知的内容，就是洗龙水和洗草药澡。端午，各家四处弥漫艾草香味。在家门口悬挂艾草，晚上，烧了一大锅的艾草水，就着艾草洗洗身子，说是这样可以驱魔避邪，强身健体。每逢端午，家里人都会带孩子到海边去洗龙水。百姓们认为，屈原先生早已当了龙神，洗洗"龙水"，龙神会保佑孩童健康成长。海岛内的百姓都相信，海浴——用海水擦眼，可以去眼疾；用海水洗身，可以祛除皮肤疾病。澄迈县，为纪念这一特色民俗，每逢端午，都会在盈滨半岛举办"龙水节"。海岛各地的老老少少，都纷纷来此一起"洗龙水"。万人一起游泳，这是端午节的海面奇观。端午，也是清明之后，海南人一家团聚的日子。据说，只要能够回家，岛上的人们都会在这一天回祖宅。祭祖、向父母请安、与兄弟姐妹戏耍。女人们则早在半个月前就张罗着包粽子，到正日子，家家户户送粽传平安，热闹非凡。海岛上就在粽子飘香、龙舟竞渡、龙水嬉戏中，进入了漫漫长夏。

五、端午节的重大活动——赛龙舟

端午节这一天，最热闹、也最能吸引众人围观的活动要数赛龙舟了。龙舟这个词语，最早出现在先秦一本叫做《穆天子传》的古书之中，书中第五卷说道："天子乘鸟舟、龙舟浮于大沼。"是说穆天子乘坐鸟和龙一样的大船在沼泽中行驶。在《九歌·湘君》中也有"石濑兮浅浅，飞龙兮翩翩"的说法，经由现今的专家考证，文章中所说的"飞龙"就是龙舟。《荆楚岁时记》也记载："五月五日，谓之浴兰节。……是日，竞渡，竞采杂药。"此后，历代诗赋、笔记、志书等记载的赛龙舟就数不胜数了。

龙舟，与普通的船只不太相同，有大有小，有长有短，划龙舟的人数也都不尽相同。如广州黄埔、郊区一带的龙船，长大约33米，路上有100人，在舟上的桡手约有80多人。南宁龙舟长是20多米，每船大约能容纳五六十人。湖南汨罗市的龙舟则大约长16到22米，每次坐24至48人划船。福建福州的龙舟长18米多，划船手是32人。龙船一般是很狭长、细窄的，船头装饰有龙头，船尾安有龙尾。龙头的颜色有红、黑、灰等色，都是与龙灯的头相似，千姿百态，绝不雷同。一般以木头雕制而成，再加以手工的彩绘（也有用纸扎、纱扎的）。龙尾多用整块儿的木头雕刻，上面刻有龙的鳞甲。除龙头、龙尾以外，龙舟上还有锣鼓、旗帜或船体绘画等装饰。如广东顺德龙舟上饰以龙牌、龙头龙尾旗、帅旗，上绣对联、花草等，还有绣满龙凤、八仙等图案的罗伞。一般的龙舟则没有这么多的装饰，多饰以各色的三角旗、挂彩等。古代的龙舟也很华丽，如画龙舟竞渡的《龙池竞渡图卷》（元人王振鹏绘），图中龙舟的龙头高昂，十分的硕大有神韵，雕刻做工精

美，龙尾高高地向上翘，龙身还有数层亭台楼阁。如果是写实的，就可以看出当时的龙船有多么精美华丽了。又如《点石斋画报·追踪屈子》上面绘有芜湖的龙船，也是龙头高昂，上有层楼。有的地区龙舟还存有古代的风气，显得很是古典美丽。

龙船竞渡比赛之前，先要请龙、祭神。如广东的龙舟，在端午之前要从水中运送到岸上来，祭祀过在南海神庙中的南海海神之后，安装上龙头、龙尾，再准备竞渡。到时候还要买一对纸做成的小公鸡放在龙船上，认为可保佑龙船的平安（这样的习俗就和古代所说的鸟舟十分相似了）。福建、台湾等地的人们会前往妈祖庙去祭拜。有的直接在河边祭龙头，会杀鸡将血滴在龙头的上面，如四川、贵州等个别地区。

由于当年屈原大夫投入汨罗江自尽身亡，而端午节又是为了纪念屈原，所以湖南的汨罗市，竞渡前必须要先前往屈子祠祭祀，将龙头供在祠中的神翁像之前去祭拜，将红布披在龙头的上面，再把龙头安装到船头进行竞渡，既拜了龙神，又纪念了屈原。而在湖北的屈原家乡秭归，也有祭拜屈原的仪式。祭屈原之俗，在《隋书·地理志》中就有所记载："其迅楫齐驰，棹歌乱响，喧振水陆，观者如云。"是说当时划龙舟的浆十分整齐地快速划动，在水中激起很大的声响，使得两岸都为之震动，观看者是人山人海，络绎不绝。看来当时的场面是十分热闹的。唐代的诗人刘禹锡在他的《竞渡曲》中为赛龙舟的场面做了如下注解："竞渡始于武陵，及今举楫而相和之，其音咸呼云：'何在'，斯沼屈之义。"可见两湖地区，祭屈原与赛龙舟是紧密相关的。可能屈原及曹娥、伍子胥等逝去后，当地人民也曾用魂舟送他们的灵魂归葬，所以有此方面的习俗。

在浙江地区，是用龙舟竞渡来纪念烈女曹娥的。《后汉书·列女传》中记载，曹娥是投江死去的，民间则传说她下江寻找父亲的尸体。浙江很多地方都会祭祀她，《点石斋画报·虔祀曹娥》就是描绘会稽地区人民祭祀曹娥的景象。

《清嘉录》中记载吴地(江苏一带)赛龙舟，是起源于纪念伍子胥，苏州因此有端午祭伍子胥的习惯，并在水上举行赛龙舟以表示对其的纪念。另外还有广西的纪念马援、福州的纪念阎王王审知等仪式。

各种祭祀、纪念的仪式，无非是点香烛，烧纸钱，供以鸡、米、肉、供果、粽子等。如今这些含有迷信色彩的仪式已很少见，但在过去，人们祭祀龙神庙时气氛很严肃，多祈求农业丰收、风调雨顺、去邪鬼污秽、平息灾祸事端、能够事事如意，也保佑划船平安。用人们的话说"图个吉利"，表达人们内心良好的愿望。

在正式赛龙舟开始的时候，气氛十分热烈。唐代诗人张建封在《竞渡歌》中写到："……两岸罗衣扑鼻香，银钗照日如霜刃。鼓声三下红旗开，两龙跃出浮水来。棹影斡波飞万剑，鼓声劈浪鸣千雷。鼓声渐急标将近，两龙望标且如瞬。坡上人呼霹雳惊，竿头彩挂虹霓晕。前船抢水已得标，后船失势空挥桡。……"

这些诗句淋漓尽致地写出了龙舟竞渡的壮景。妇女们平时是不出门的，如今也争着来看龙船，银钗耀日；鼓声、红旗指挥下的龙舟飞驰而来，船桨就像飞剑一样，鼓声击打就像雷鸣；终点插着锦绮彩竿，作为标志。龙舟向着标杆飞快地驰近……近代的龙舟比赛也大抵相同，不过规程稍严格一些。近年来，国内外都出现了国际龙舟比赛，吸引了各国健儿。例如2008年湛江国际龙舟比赛，就吸引了来自加拿大、美国、澳大利亚、德国、荷兰、意大利、英国等国家和我国香港、澳门等地的选手，举办得非常成功。端午节的赛龙舟也成了我国与世界文化交流的一个纽带。

划龙舟还有其他一些活动。比如龙舟游乡，是在龙舟比赛的时候划着龙舟到附近熟悉的村庄游玩、集会。有时候龙舟还有各种花样的划法，具有表演的含义。如广州的龙舟，挽着手把桨

叶插入水中，再往上挑，使水花飞溅；船头船尾的人则有节奏地在船上踏脚，使龙舟起伏如游龙戏水一般。浙江余杭县龙舟，有的是让人把龙尾踩低，使龙头高翘，船头的急浪便从龙嘴中喷吐出来，如龙吞云吐雨一般，十分壮观；也有的是游船式的赛龙舟。如《淮南子·本经训》中说："龙舟益鸟首，浮吹以娱。"是划着龙船、摇船在水上奏乐、游玩。在《梦粱录》中记载南宋杭州"龙舟六只，戏于湖中"。湖上有龙舟，只是画舫游船的一部分。今天我们在看古装的连续剧时还能看到这样类似龙舟的江面游船。

唐、宋、元、明、清各代的帝王，都有观看龙舟的爱好，也属于游戏之类。《旧唐书》中记载唐皇穆宗、敬宗，都有过"观竞渡"的事情。《东京梦华录》卷七中记载北宋皇帝在临水殿看金明池内龙舟竞渡的场面。其中有彩船、乐船、小船、画船、小龙船、虎头船等供观赏，还有长大约有四十丈的大龙船。除了大龙船以外，其他船列队布阵，争标竞赛，作为娱乐。宋张择端《金明池夺标图》就描绘了当时的情景。又有明代的皇帝，观赏赛龙舟，看御射监勇士跑马射箭。清代则在圆明园的福海举行竞渡，乾隆皇帝、嘉庆皇帝等都曾前往观看。

又有夜龙舟的说法。在浙江武进，过去有夜龙舟，在四面挂起小灯照明，在晚上进行龙舟竞赛。四川五通桥从1982年起出现了夜龙舟，在舟上装电灯，配焰火，漂浮河灯，辉煌夺目。浙江少数地方还在水上设堆堆浮焰，让张灯结彩的龙舟从焰中穿过。在晚上的桨声灯影里面划龙舟，又别有一番情趣。

还有旱龙舟，是在陆地上进行的模拟龙船比赛的活动。如《南昌府志》载："五月五日为旱龙舟，令数下人异之，传葩代鼓，填溢通衢，士女施钱祈福，竞以爆竹辟除不祥。"击鼓传花，女生都会施舍钱财来祈祷能够平安幸福，还会放爆竹来赶跑邪气和不吉祥的东西。浙江武义县，过去也有旱地推端午船的习俗，也认为可以消除邪祟。另外广东的佛山、东莞、信宜都有旱地划龙舟的习俗，

中国传统节日

这实际上是一种舞蹈，但日期不一定在端午。佛山秋季时的旱地龙舟最为壮观。又如《徽州府志》载："五月五日，迎神船逐疫，船用竹为之，袭画状似鳅，以十二人为神，载而游绪市。"让十二个人来扮演神仙在街上进行巡游，这又是另一番热闹场面了。还有的地方把小型旱龙船给小孩做玩具的。

在划龙船时，又多有唱歌助兴的龙船歌流传。如湖北秭归划龙船时，有完整的唱腔，词曲根据当地民歌与号子融汇而成，歌声雄浑壮美，扣人心弦，即有"举揖而相和之"的遗风。又如广东南雄县的龙船歌，是从四月龙船下水后唱到端午时结束，表现的内容十分广泛。流传于广西北部桂林、临桂等地的龙船歌，在竞渡时由众划船手合唱，有人领唱，表现内容也多与龙舟、端午节的习俗有关，歌声宏远动人。《广西民间音乐选集》中收有临桂县龙船歌的组曲，如号子般的节奏鲜明、热烈，唱起来必定十分动人。

另外，除了众所周知的赛龙舟活动，还衍生出了不少其他的游戏娱乐活动。其中之一就是射箭的游戏了。在端午时，在地面插上垂柳，把柳树的皮削去，然后骑马用弓箭来射，要是射断柳枝并且能够拿到手里就是第一名，能射断而没有拿到的就是第二名了。这应该从金朝就开始流行了，《金史》中对此有过记载。

六、端午节的佩饰

端午节，各个地方的人们都会佩戴和节日有关的装饰品。

健人，旧时江浙一带端午时妇女们佩戴的一种饰物。一般用金银丝或铜丝金箔做成，形状为小人骑虎，也有另外附加上钟、铃、缨及蒜、粽子等的。插在妇女发髻，也用来馈赠其他的亲友。史书《清嘉录》上面说："(五月五日)市人以金银丝制作成为繁缨、钟、铃等很多种形态，虎上面骑的小人，做工极其精细，点缀上小钗，串成一串。还有的人用铜丝金箔制作，以供妇女插鬓。又互相献赉，这个就叫做健人。"健人的说法其实与艾人具有相同的意思，只是用锦帛代替了艾草来制作，吴曼云在《江乡节物词·小序》中写到："杭俗，健人即艾人，而易之以帛，作骆虎状，妇人皆戴之。"是说，杭州的习俗，健人和艾草做的人性质是一样的，妇女们都会佩戴这种饰品。因为这种饰品能够有驱邪避疫的作用。还有一种说法，说它就是古时的叫步摇的东西，纯粹就是当时妇女们的装饰品(蔡云《吴献》注)。江南地区多称之为豆娘。《清嘉录》引《唐宋遗纪》中说道："江淮南北，五日钗头彩胜之制，备极奇巧。凡以缯销剪制艾叶，或攒绣仙、佛、合、鸟、虫、鱼、百兽之形，八宝群花之类。绉纱蜘蛛，绮縠凤麟，茧虎绒陀，排草蜥蜴，又螳蜘蝉蝎，又葫芦瓜果，色色逼真。加以幡幢宝盖，绣球繁缨，钟铃百状，或贯以串，名曰豆娘，不可胜纪。"这里详细讲解了豆娘的制作方法。无论是设计还是做工上都十分巧妙。这些都是流传下来的民间艺术。

艾虎，旧时端午节驱邪避祟的事物，也是一种装饰品。我国古代认为老虎是一种神兽，大家都以为这种神兽可以镇祟避邪、保佑安宁。古书《风俗通》

中说道："虎者阳物，百兽之长也。能噬食鬼魅，……亦辟恶。"认为老虎是百兽之王，能够吃掉鬼。所以民间很多地方都把虎做为避邪之用，其中尤以端午节的艾虎最具特色。艾虎有的是用艾草编织而成，有的是剪彩为虎，粘以艾叶，佩戴于发际身畔。端午节饰戴艾虎的风习已经有千年以上的历史了。宋陈元规《岁时广记》引《岁时杂记》："端午以艾为虎形，至有如黑豆大者，或剪彩为小虎，粘艾叶以戴之。王沂公《端午帖子》诗：'钗头艾虎辟群邪，晓驾祥云七宝车。'"又清富察敦崇《燕京岁时记》："每至端阳，闺阁中之巧者，用绫罗制成小虎及粽子……以彩线穿之，悬于钗头，或系于小儿之背。古诗中写到'玉燕钗头艾虎轻'，就是这个意思了。"

画额，端午节有用雄黄涂抹小儿额头的习俗，认为可以驱避毒虫。典型的方法是用雄黄酒在小儿额头画"王"字，一借此雄黄用来驱毒，二借猛虎("王"和猛虎额头上面的纹路很相似，老虎为兽中之王，因此用"王"字来替代老虎)以镇邪。清富察敦崇的《燕京岁时记》中记载："每至端阳，自初一日起，取雄黄合酒洒之，用涂小儿领及鼻耳间，以避毒物。"除在额头、鼻耳涂抹外，也可以涂抹其他的地方，用意都是一样的。山西《河曲县志》云："端午，饮雄黄酒，用涂小儿额及两手、足心，……谓可却病延年。"

长命缕，这是端午节人们常用的佩饰。也叫做续命缕、续命丝、延年缕、长寿线、百索、辟兵绍、五彩缕等，名称不一，但形制、功用大体相同。在端午节以五色丝结而成索，可悬挂在门首，或者挂在床帐、摇篮等地方，也可戴在小儿的项颈，或者系在小儿的手臂。人们认为这样可以避灾除病、保佑安康、益寿延年。此类佩饰的形制大体有五种：用五色丝线合股拧成绳子，系在臂膀上；在五彩绳上缀饰金锡做成的饰物，挂于项颈上；把五彩绳折成方胜形状，佩戴在胸前；把五彩绳捆结为人像的形状戴在脖子上；以五彩丝线绣绘日月星辰乌兽等物，敬献尊长。此俗开始于汉代。东汉应劭所写的《风俗通·佚文》中："午日，以五彩丝系臂，避鬼

及兵，令人不病瘟，一名长命缕，一名辟兵绍。"说的是在端午的时候，如果将五彩的丝线绑缚在手臂上面就能躲避邪鬼，不生疾病，长命百岁。这个方式流传至今。清富察敦崇《燕京岁时记》中记录当时的风俗："每至端阳，闺阁中之巧者，用绫罗制成小虎及粽子、壶卢、樱桃、桑葚之类，以彩线穿之，悬于钗头，或系于小儿之背。"是说端午的时候，聪慧灵巧的女子都会自己缝制小虎、粽子、壶卢、樱桃、桑葚等物品。唐宋端午的时候，更有宫廷赏赐大臣这样的物品的事情。历史上记载唐代宗兴元元年端午节，宫廷曾赐给官员百索一轴。《宋史礼志十五》："前一日，以金缕延寿带、彩丝续命缕分赐百官，节日戴以入。"皇帝把五彩金缕赏赐给百官，在端午节的时候进宫的官员都要带这种丝线。

戴香包，香包又叫香袋、香囊、荷包等，有用五色丝线缠成的，也有用碎布缝成的，里面装有香料，香料一般都是中草药白芷、川芎、芩草、排草、山奈、甘松、高本行制成的，佩戴在胸前，香气扑鼻。陈示靓的《岁时广记》引《岁时杂记》提到"端五以赤白彩造如囊，以彩线贯之，揄使如花形""端五日以蚌粉纳帛中，缀之以绵，若数珠。令小儿带之以吸汗也"。这些随身携带的袋囊，内容产生了许多的变化，从吸汗的蚌粉，驱邪的灵符、铜钱，避虫的雄黄粉，发展成装有香料的香囊，制作也日趋精致，成为端午节特有的民间工艺品。

戴香包特别有讲究。老年人为了防病健身，一般喜欢戴梅花、菊花、桃子、苹果、荷花、娃娃骑鱼、娃娃抱公鸡、双莲并蒂等形状的，象征着鸟语花香、万事如意、夫妻恩爱、家庭和睦。小孩喜欢的是飞禽走兽类的，如虎、豹、猴子上竿、斗鸡赶兔等。青年人戴香包最讲究，如果是热恋中的情人，那多情的姑娘很早就要精心制作一两枚别致的香包，赶在节前送给自己的情郎。小伙子戴着心上人送的香包，自然要引起周围男女的评论，都会夸小伙的对象心灵手巧。

七、有关端午节的诗词

端午节流传千百年来，内容变得越来越丰富，活动形式也更加丰富多彩。这也给不少诗人留下了十分深刻的印象。许多著名的诗人都写过关于端午节的诗篇。下面我们来欣赏几首代表作。

五月五日　梅尧臣

屈氏已沉死，楚人哀不容。

何尝奈谗谤，徒欲却蛟龙。

未泯生前恨，而追没后踪。

沅湘碧潭水，应自照千峰。

梅尧臣出生于农家，小的时候家里贫穷，但他十分喜爱读书，16 岁时参加乡里的考试没有取得名次，由于家庭无力供他继续读书，他就跟随叔父到河南洛阳谋得主簿(相当于现今的文书)一职，后又在孟县、桐城县担任主簿的职务。在连任三县主簿之后就升了知县，又参加考试，被授予进士，后来又升迁到尚书都官员外郎，所以后世人又称他为梅都官。梅尧臣入仕之后，曾经胸怀大志，有远大抱负，他原名"圣俞"，后改"尧臣"，立志要做个圣明君王的贤臣，然而他却没有遇到圣君。　　梅公虽然在仕途上极不得意，但在诗坛上却享有盛名。端午来临，他怀着无限的悲愤、苦闷、渴望和痛苦的心情，写出了《五月五日》，是借屈原来抒发他的"不遇圣主"的情怀。

和端午　张耒

竞渡深悲千载冤，

忠魂一去讵能还。

国亡身殒今何有，

只留离骚在世间。

这首诗的作者是北宋诗人张耒，这首诗凄清悲切、情意深沉。诗从端午竞渡写起，看似简单，实则意蕴深远，因为龙舟竞渡是为了拯救和悲悼屈原的千载冤魂。但"忠魂一去讵能

还"又是何等悲哀与无奈！无怪乎北宋进士余靖作诗说："龙舟争快楚江滨，吊屈谁知特怆神。"但此句，却又分明有着"风萧萧兮易水寒，壮士一去兮不复还"的慷慨悲壮，它使得全诗的意境直转而上、宏阔高远。于是三四两句便水到渠成、一挥而就。虽然"国亡身殉"，灰飞烟灭，但那光照后人的爱国精神和彪炳千古的《离骚》绝唱却永远不会消亡。

已酉端午 贝琼

风雨端阳生晦冥，

汨罗无处吊英灵。

海榴花发应相笑，

无酒渊明亦独醒。

贝琼约生于元成宗大德初，卒于明太祖洪武十二年，年八十余岁。他跟随杨维桢学诗，取其长处而弃其短处，他特别欣赏盛唐时期的文章。作品比较融和淡雅，诗风温厚之中自然高秀，足以领袖一时。这首诗写端午节遇风雨，不知何处凭吊屈原，在石榴花开的季节，没有酒渊明也能保持清醒。

竞渡诗 卢肇

石溪久住思端午，

馆驿楼前看发机。

鼙鼓动时雷隐隐，

兽头凌处雪微微。

冲波突出人齐诮，

跃浪争先鸟退飞。

向道是龙刚不信，

果然夺得锦标归。

卢肇，唐武宗李炎会昌三年状元及第，且是江西第一个状元，有奇才。这首诗形象的描绘了赛龙舟时候的热闹场面，龙舟上健儿划船时的矫健身姿，还有龙舟在水中飞速前进的壮观景象，最后描写了夺标的场景。读后仿佛身临其境，十分逼真。

乙卯重五诗 陆游

重五山村好，

榴花忽已繁。

粽包分两髻，

艾束著危冠。

旧俗方储药，

赢躯亦点丹。

日斜吾事毕，

一笑向杯盘。

陆游是中国南宋伟大的爱国诗人，我们都读过他的一首家喻户晓的古诗——《示儿》。《乙卯重五诗》这首五律具体描写了南宋人民在端午节这天的生活习俗。作者吃了两角的粽子，高冠上插着艾枝。依旧俗，又忙着储药、配药方，为的是这一年能平安无病。到了晚上，他身心愉快地喝起酒来。从中可以反映出，江南端午风俗，既有纪念屈原的意思，又有卫生保健的内容。

浣溪沙 苏轼

轻汗微微透碧纨。

明朝端午浴芳兰。

流香涨腻满晴川。

彩线轻缠红玉臂，

小符斜挂绿云鬟。

佳人相见一千年。

这是一首触景生慨、蕴含人生哲理的小词，体现了作者热爱生活、乐观旷达的人生态度。上片写暮春游清泉寺所见之幽雅景致。下片就眼前"溪水西流"之景生发感慨和议论。

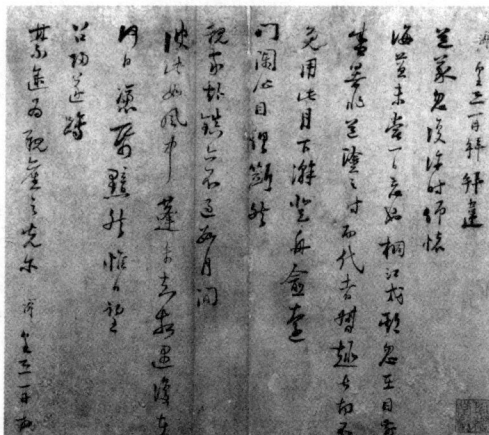

全词的特点是写景纯用白描，细致淡雅，抒情富有哲理。当时作者是以待罪之官的身份被安置在偏僻的黄州，孤寂苦楚的心情不是轻易可以摆脱的。因此，此词下片所表现出来的对青春活力的呼唤，对老而无为的观点的否弃，便显得尤为可贵。可以说，这种在"命压人头不奈何"的逆境中的乐观奋发的精神，是苏轼之所以受到后世尊崇的重要原因之一。

渔家傲　欧阳修

五月榴花妖艳烘。

绿杨带雨垂垂重。

五色新丝缠角粽。

金盘送。

生绡画扇盘双凤。

正是浴兰时节动。

菖蒲酒美清尊共。

叶里黄骊时一弄。

犹松等闲惊破纱窗梦。

　　在石榴花开得正盛的季节，杨柳被细雨润湿，枝叶低低沉沉地垂着。人们用五彩的丝线包扎好了三角形或者多角形的粽子，盛进镀金的盘子里各处分送，表达着对亲朋好友长寿的祝福。这一天正是端午，人们在门口挂上菖蒲，并一起举杯饮下雄黄酒以驱邪避害。窗外树丛中黄鹂鸟儿不时地鸣唱几声，打破闺中的宁静，那纱窗后，手轻握着双凤绢扇的姑娘，究竟是为谁被黄鹂打断了美梦？诗人把端午时节的美好气息全部表达了出来。

　　端午　文秀

节分端午自谁言？

万古传闻为屈原。

堪笑楚江空渺渺，

不能洗得直臣冤。

这首诗的大意是这样的：端午节大概从什么时候开始的？又是为什么而设立的？只是民间传说，是为了纪念爱国诗人屈原。于是我站在楚江上追思，眼前一片烟波浩淼，空空荡荡，我轻蔑地笑了，为什么如此宽阔的大江，就不能包容一颗爱国的心，不能为敢于说真话的人洗刷冤屈呢？表现了作者对屈原的同情，反问的语气更能体现他的正直之心。

除了诗词，端午节也有很多谚语和歇后语。例如"端午节卖月历——过时了"，"癞蛤蟆躲端午——躲过初一，躲不过十五"等等。关于谚语，各地也都不同。北方的有"清明插柳，端午插艾"；西北的有"端午不戴艾，死去变妖怪"；山东讲"午时水饮一嘴，较好补药吃三年"；山西有"喝了雄黄酒，百病远远丢"；江浙一带流传"端午节，天气热，五毒醒，不安宁"；江苏的很吉利，"良辰当五日，偕老祝千年"。类似于这样的谚语各地还有好多种。

中华民族流传下来的节日以及形成的传统，经过几千年的传承发展，融汇了各族各地的文化，也正在以一个崭新的形象向我们走来。多少年来，端午，作为中华民族的重要传统节日之一，经历了由受到重视到被忽视和冷落，现在又重新受到重视的一个轮回。这个轮回，再次证明文化的传承有其内在的韧性，现在的文明依然需要古老传统的润泽。古代端午节习俗的核心主题是人与自然的和谐。首先是关爱生命，卫生保健；其次是强民爱国；第三有着增进友谊，密切人际关系的功能。这样的传统节日，应保护其原汁原味的文化形态，让它完整地相传下去。"樱桃桑椹与菖蒲，更买雄黄酒一壶。"随着国家和人民越来越重视传统文化，端午节和春节、中秋节等传统节日一样，一定会永远流传下去。

中秋节

　　每年农历八月十五日，是传统的中秋佳节。这时是一年秋季的中期，所以被称为中秋。在中国的农历里，一年分为四季，每季又分为孟、仲、季三个部分，因而中秋也称仲秋。八月十五的月亮比其他几个月的满月更圆更明亮，所以又叫做"月夕""八月节"。此夜，人们仰望天空如玉如盘的朗朗明月，自然会期盼家人团聚。远在他乡的游子，也借此寄托自己对故乡和亲人的思念之情。

一、月到中秋分外圆——中秋节的来历

"中秋"一词，最早见于《周礼》。魏晋时有"谕尚书镇牛渚，中秋夕与左右微服泛江"的记载。到唐朝初年，中秋节成了一个固定的节日。《唐书·太宗记》记载有"八月十五中秋节"。在宋朝至明清时，中秋已与元旦齐名，在民间广泛盛行。

秋季为农历七、八、九三个月，八月十五正值三秋之半，所以被称为中秋节。古人也有仲秋节的叫法，古代以伯、仲、叔、季表示排行，仲就是排行第二的意思，仲秋即七、八、九三个月中的第二个月，所以仲秋节就相当于八月节，现在南方仍有一些地方叫中秋节为八月节。另外，中秋节的主要活动都是围绕月亮进行的，所以又俗称月节、月夕、追月节、玩月节、拜月节、端正月。又因其有祈求团圆的信仰和相关的节俗活动，故又称团圆节、女儿节。

关于中秋的由来，比较流行的说法有两种：一说是起源于我国古代为庆祝秋季丰收对土地神的祭祀活动，一说是源于对月亮神的崇拜。这两种说法都各有道理，都和中秋的部分习俗有关系。第一种说法是因为我国古代是一个以农业为主的大国，季节对农业有很大影响。因此古人往往敬拜土地神以求风调雨顺，年年好景。播种时拜土地神来祈求丰收，这是春祈；八月中旬谷物成熟，收获在即，此时祭拜土地神是为了答谢土地神的保佑，这叫秋报。这就是古籍中记载的春天祭日、秋天祭月的礼制。围绕着秋报的一系列活动逐渐演变成了现在中秋节的风俗。第二种说法认为源于古代祭月拜月的习俗，《礼记》中就载有："天子秋朝日，秋夕月。朝日以朝，夕月以夕。"说的是天子在春天早上祭拜太阳，在秋天晚上祭拜月亮。祭月是历代帝王相传的礼俗，而八月十五这天，月球距地球最近，月亮最大最圆也最亮，恬静圆润的月色让人们充满向往和遐想，最适合祭拜月亮，因此便有了中秋节。

二、瑰奇的想象 美好的祝愿——中秋节的传说

在某种程度上，可以说中秋节是个关于月亮的节日，这个节日的主要风俗都和月亮有关：拜月、赏月、吃月饼及由月圆引起的亲友团聚的风俗。在科学技术发达的今天，虽然祭拜月亮的风俗已经消失，但是关于月亮的神话传说却一代一代流传不息。

（一）嫦娥奔月

相传在远古的时候，天上有十个太阳，每天轮流照射大地。这十个太阳都很顽皮，有一阵它们十个每天都一起出来，直烤得大地冒烟，海水干涸，使得百姓无法再生活下去。

这时有个叫后羿的英雄，用一张一万斤的弓箭一口气射下了九个太阳，最后一个太阳连连求饶，后羿才放过了它。

后羿有一个美丽善良的妻子，叫嫦娥，和后羿是一对人人羡慕的恩爱夫妻。有一天后羿在打猎途中遇见王母娘娘，王母娘娘知道他是射日的英雄，就送给他一包长生不老药，说吃了这药就可以成为神仙。但是后羿舍不得妻子嫦娥，就把这包药交给嫦娥保管。不料这件事却不小心被后羿的徒弟蓬蒙知道了，于是有一天他趁着后羿不在就威逼嫦娥交出这包长生不老药，嫦娥知道自己不是蓬蒙的对手，情急之下她一口把这包药吞了下去。嫦娥吞下药后，身子立时飘离地面、冲出窗口，向天上飞去。到了天上，在哪落下好呢，她看着月亮离地面最近，就在月亮上住下了。后羿回到家后，侍女向他哭诉了白天的事，后羿十分愤怒，四处找蓬蒙要杀了他，可是蓬蒙早逃走了。悲痛欲绝的后羿，仰望

中国传统节日

着夜空呼唤着妻子的名字。这时他惊奇地发现，今天的月亮格外皎洁明亮，而且上面有个晃动的人影很像嫦娥，后羿想起嫦娥还没有吃饭就上天了，就叫人在院子里放了一张桌子，上面摆着嫦娥爱吃的甜饼、水果，遥祭在月宫里同样思念着自己的嫦娥。老乡们得知嫦娥成仙上了月亮，也都很怀念她，于是也都在这一天给她上供。从此，中秋节拜月的风俗在民间传开了。

这个嫦娥奔月的故事是在古文献关于嫦娥的记载之上做了一些加工和美化，从正面歌颂了嫦娥，使嫦娥的形象与月同美，这符合人们对美的追求。

与现代广为流传的"嫦娥奔月"所不同的是，《全上古文》辑《灵宪》记载了"嫦娥化蟾"的故事："嫦娥，羿妻也，窃王母不死药服之，奔月。将往，枚占于有黄。有黄占之：曰：'吉，翩翩归妹，独将西行，逢天晦芒，毋惊毋恐，后且大昌。'嫦娥遂托身于月，是为蟾蜍（即癞蛤蟆）。"嫦娥变成蟾蜍后，在月宫中终日被罚捣不死药，过着寂寞清苦的生活，李商隐曾有诗感叹嫦娥："嫦娥应悔偷灵药，碧海青天夜夜心。"那么，美丽的嫦娥为什么会变成蟾蜍的形象呢？这是因为，在古代神话里，人兽一体或是人兽互变是常见的现象。在今天人们的眼中，蟾蜍是很丑陋的动物，但是在古代却有对蛤蟆的崇拜。据科学家推断，可能是因为蛤蟆是第一个既能在水中又能在陆地上生存的动物，并且蛤蟆的肚子很大，生殖能力很强，所以也可以看成是对生殖力的崇拜。另外，古人还认为蟾蜍是一种长寿的动物。据《太平御览》记载，蟾蜍的寿命可达三千岁。如此长寿且生殖力很强的母性动物，与中国文化中属阴性的月亮可谓一拍即合，所以才有嫦娥奔月之后化身为蟾蜍的神话故事。现在依然有人用月精来指代嫦娥，用蟾宫来指代月亮。

（二）吴刚折桂

抬头仰望明月，可见当中

有些黑影，在我国传说中这就是吴刚在伐桂。这个神话故事流传于唐代：相传月亮上的广寒宫前的桂树生长繁茂，有五百多丈高，下边有一个人拿着斧子在砍伐它，但是每次砍下去之后，被砍的地方又立即神奇地愈合了。几千年来，就这样随砍随合，这棵桂树永远也不能被砍倒。据说这个砍树的人名叫吴刚，是汉朝西河人，曾跟随仙人修道到了天界，后来因犯错误被仙人贬谪到月宫，日日做这种徒劳无功的苦差事，以示惩处。李白有诗"欲斫月中桂，持为寒者薪"。

为什么在嫦娥身边要安排一个吴刚，并且砍伐的是桂树而不是别的什么树呢？这是因为中国古代文化讲究的是美满、团圆、和谐，热热闹闹的大团圆式结局合乎大众对美好、幸福生活的心理期望。在老百姓看来，嫦娥一个人在月宫中生活难免冷清、孤寂，所以在月宫里再出现一个与之做伴的男性也是情理之中的事。选择桂树是因为桂树以其寿命长、形象美好、寓意吉祥，一直是古人心中神圣华贵的树。比如楚国人就习惯用桂酒、桂枝来祭拜先祖和神灵。屈原的《九歌》中多次提到"桂"字，以此来象征自己高洁的品性。另外，"桂"与"贵"同音，桂树便有了高贵、富贵的意味，古人庆贺科举中第就有"攀桂""折桂"的说法，而在我国的庭院布局中，也讲究"两桂当庭""双桂留芳"，即在自家庭院中种植两棵美观芳香的桂树，表达自己对吉祥富贵的美好期待。

（三）玉兔捣药

传说月宫中除了嫦娥和吴刚，还有一只洁白可爱的玉兔与嫦娥为伴，日夜不离。关于玉兔的传说有两种说法比较流行。

第一种说法：相传有三位神仙为了找出谁是最善良的动物，变身成了三个可怜的老人，向狐狸、猴子、兔子乞求食物，狐狸与猴子都拿出了自己的食物送给老人，可是兔子没有食物可以相送，于是它说："我没有什么东西可以送给你们吃，只有我自己，你们就吃我的肉吧！"说完就跳入火中，将自己烧熟。三位神仙大受感动，就把兔子送到了月宫，成了玉兔，陪伴嫦娥，并捣制长生不老药。

第二种说法：据说很久以前，有一对修行千年的兔子，得道成了仙。他们有四个可爱的女儿，个个生得纯白伶俐。一天，玉皇大帝召见雄兔上天宫，他恋恋不舍地离开妻儿，踏着云彩来到了天宫。当他来到南天门时，正好看见天将押着嫦娥从身边经过。雄兔不知道发生了什么事，就向旁边看守天门的天神打听。天神就向雄兔讲了嫦娥如何为了保护长生不老药不被抢走而不得以自己吞吃的事情，兔仙觉得如此心地善良的嫦娥却要在月宫中忍受寂寞，很同情她，心想嫦娥要是有人陪伴就好了，这时他想到了自己的四个女儿，立即飞奔回家。到家后雄兔把嫦娥的遭遇告诉了雌兔，并说想送一个孩子去和嫦娥做伴。雌兔也对嫦娥深表同情，虽然舍不得自己的孩子，但是经过再三考虑还是决定送一个女儿去给嫦娥做伴。孩子们也都理解父母的心，都表示愿意去。最后雄兔和雌兔眼含着泪把最小的女儿送去了月宫。小白兔到了月宫后，成了玉兔，日夜陪伴着嫦娥，并捣制长生不老药。

据史学家考据，月中有玉兔的说法是在汉代晚期才出现的。在临沂、南阳、陕北等地出土的西汉末年和东汉的墓地画像石上都有玉兔捣药的图像。但在当时这些玉兔并不是出现在嫦娥的身边，而是西王母的随从。西王母是秦汉时期备受崇拜的神仙，主要掌管长寿和仙药，玉兔就是负责为她捣药的。后来人们把这个神话故事移植到月亮神话中，月宫中才同时有了蟾蜍和玉兔。在汉代这种说法还不是很流行，到了晋代，有关玉兔在月宫捣药的记载才逐渐多了起来。比如晋代的

傅咸就在其诗歌《拟天问》中说道："月中何有？白兔捣药。"唐代以后这种说法就更加普遍了，杜甫诗中就有"以此瞻白兔，直欲数秋毫"。在民间，人们也把玉兔当做神物来崇拜，并称之为"兔儿爷"。不过，尽管出现了玉兔，从汉代到唐代，蟾蜍作为嫦娥的化身仍然在月亮神话中占据主导地位。明清以后民间流传较多的说法则认为是蟾蜍变身成了玉兔，这是因为蟾蜍丑陋，玉兔可爱，从形象方面来看，用玉兔来取代蟾蜍而成为嫦娥的化身也符合人们的审美观点，符合情理。

（四）唐玄宗游月宫

　　在唐朝，最富有传奇色彩的传说要数唐玄宗游夜宫了。相传唐玄宗在中秋之夜赏月时被皎洁的月色吸引，大发感慨想到月宫一游。巧的是这夜唐玄宗竟然真的在梦中来到了月亮之上。他看到月宫上方悬挂着一块巨幅牌匾，上面写着"广寒清虚之府"六个大字，有数百名仙女伴着婉转动人的音乐翩翩起舞，正可谓"此曲只应天上有，人间哪得几回闻"！唐玄宗素来熟通音律，于是默记在心中。梦醒后唐玄宗念念不忘梦见的一切，根据自己所记忆的音谱，编成了历史上有名的"霓裳羽衣曲"。此后每年八月十五，都要摆上各种点心及水果，拜月、赏月、观赏宫女表演的优美舞蹈。这一风气后来传至全国各地，逐渐盛行起来，中秋节至此也成为了与春节、端午节齐名的一个固定节日。

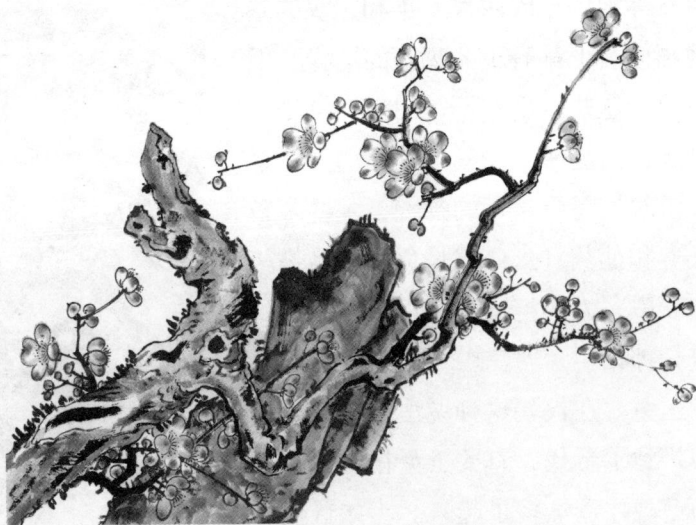

三、天上月圆 人间饼圆——中秋食俗

对于中国人来说，中秋节可以没有别的活动，但不能不吃月饼。月饼，又叫胡饼、宫饼、月团、丰收饼、团圆饼等，是古代中秋祭拜月的供品，可以说月饼以其象征团圆的文化内涵成为了中秋节的代表。那么中秋节吃月饼的习俗是怎么来的呢？先让我们来看看有关月饼的几个传说故事。

传说一：朱元璋与月饼

中秋节吃月饼的习俗相传始于元代。当时元朝统治阶级残暴昏庸，广大人民不堪重负，于是纷纷揭竿而起。朱元璋因为有勇有谋，很快被推举为起义军的首领。可是当时朝廷官兵搜查得很严，传递消息十分困难。军师刘伯温足智多谋，想出了一条良计，朱元璋采纳了他的计策，在八月十五的前几天，下令属下把藏有"八月十五夜起义"的纸条藏入饼中，然后到处散布流言，说有冬瘟流行，家家户户只有在中秋节买月饼来吃，才能避灾。人们买了月饼回到家后，发现里面藏着小纸条，上面写着中秋夜时起义迎义军。到了起义的那天，众人纷纷响应，起义军如星火燎原，很快就攻下元大都，捷报传来，朱元璋非常高兴，连忙传下口谕，把月饼作为中秋节的节令糕点来赏赐众人。从此以后，中秋节吃月饼的习俗便在民间流传开了。

这个传说在无锡演变为：蒙古灭宋以后，统治阶级残暴，人民深受压迫，时刻都想起来推翻统治者。有一年，大家约好中秋之夜动手。为了祈求胜利，人们约好在这天早上吃红烧芋头，象征着暴君人头落地，这就是现在无锡地区中秋节吃糖芋头的来历。

潮汕各地每至中秋，则以芋头来祭奠祖先，据说也与此有关。当时元朝统治者规定每户潮汕人家都要驻守一个蒙古兵，受汉人供养，监视汉人的言行。老百姓痛恨统治者，便趁着中秋节把约定起义的纸条放在芋头里。

潮人看芋头形似人头，所以中秋吃芋头的习俗便历代相传至今。

广东各地也有中秋节吃芋头的习俗，据说是为纪念元末起义的历史故事。中秋节起义后，便用统治者的头来祭拜月神，后来改用芋头来代替。

传说二：唐高祖与月饼

相传唐高祖年间，大将军李靖英勇善战，率领部下成功地征讨了匈奴，唐高祖十分高兴，在八月十五这天为他大摆庆功宴。宴席之上有一种饼是一个吐鲁番的商人进贡的，众人都夸赞很好吃，唐高祖看着手中的饼和天上圆圆的月亮很像，就说"应将胡饼邀蟾蜍"。从此以后，这种好吃的饼就在京城流传开来，每到八月十五人们都会边吃胡饼边赏月，后来胡饼又改名叫做"月饼"。

传说三：杨贵妃与月饼

据史料记载，早在三千多年前的殷周时期，江浙地区就有纪念太师闻仲的"太师饼"，有人认为这是我国月饼的原型。汉代张骞出使西域时，带回了芝麻和胡桃，于是人们就用胡（核）桃仁做馅，做成了一种圆形饼，叫做胡饼。唐代民间已有专门的糕饼铺，据说有一年的八月十五，唐玄宗和杨贵妃一边赏月一边吃胡饼，唐玄宗觉得胡饼这个名字不好听，就让杨贵妃给起个好听的名字，杨贵妃看着天上皎洁的明月，顺口说道："这个饼圆圆的很像天上的月亮，不如就叫月饼怎样？"唐玄宗连连赞好，从此胡饼就改名叫月饼了。

上面这几个传说故事是百姓对月饼来历的解释，并没有确切的史料证明。那么月饼到底是怎样产生的呢？

月饼的原型是民间一种常见的饼。饼在我国古代是所有面食的统称，包括蒸、煮、烤、烙、炸的各种形状的面食，后来才专指蒸或烤的扁圆形面食。饼在古代是很平常的食物，春秋战国时就有了对饼的记载。《墨子·耕柱》中说，有一个人家里很富裕，却"见人之做饼，则还然窃之"。意思是说这个人见到别人家做饼就偷来吃，一个人家境富裕却去偷窃，墨子对其的解释是：这个人有偷盗的习惯。可见饼在当时并不是稀罕食品，而是寻常百姓都能吃得起的。西汉史游的《急救篇》中提到了"饼"和"饵"，唐代颜师古对这两个字做了这样的解释："溲面而蒸熟之则为饼，溲米而蒸熟之则为饵。"意思就是说将面和上水蒸熟了就是饼，把米加上水蒸熟了就是饵，也就是米饭，把饼和米饭相提并论，可见两者同样是较为普遍的主食。

东汉时，饼的种类大大增加。《释名·释饮食》中提到了七种饼：胡饼、蒸饼、蝎饼、汤饼、髓饼、索饼、金饼，其中胡饼我们在前面已经提到过，这种饼是把胡麻（芝麻）和胡桃（核桃）仁放在饼上烤熟，在当时很受欢迎。为什么这种好吃的饼叫胡饼呢？原因可能有二：一是因为人们在饼上加了胡麻和胡桃仁；二是因为这些配料是由胡人传到中原的，因此以来源来命名。胡饼在月饼的起源上很重要，因为汉代以前并没有关于饼的种类的记载，而《释名》介绍的胡饼在外形和配料上与月饼有一定的相似，可以看做是月饼的雏形。

隋唐时期，饼的种类更加多样化了，胡饼在做法上也有了一些改进。人们开始把羊肉等做成馅放在胡饼中烤熟食用。白居易在《寄胡饼与杨万州》中写道："胡麻饼样学京师，面脆油香新出炉。"在唐代，饼肆（专门卖面食的店铺）很普遍，其中以卖胡饼的最多。

唐代时中秋节已经初步形成了，开始只是较富裕的家庭在八月十五这天亲友齐聚、饮酒赋诗、赏月谈天，中唐以后这种风俗才在全社会普遍流传开来，但此时月饼还没有成为具有特殊意义的节令食品。

宋代的饼类做工更加精致，种类也更加丰富。北宋的黄朝英在《靖康缃素杂记》中把饼分为烧饼、汤饼和笼饼三类。烧饼是用火烤烙的面食，汤饼是用水煮熟的面食，如面条，笼饼是蒸熟的面食，比如馒头。这是根据烹制方法来划分的。此外，值得一提的是，南宋周密在《武林旧事》这本记录南宋都城临安的地域风俗的书中，在"蒸作从食"中提到了月饼，记载如下：

子母茧 春茧 大包子 荷叶饼 芙蓉饼 寿带龟 子母龟 欢喜 捻尖 蒻花 小蒸作　　骆驼蹄 大学馒头 羊肉馒头 细馅 糖馅 豆沙馅 蜜辣馅 生馅 饭馅 酸馅 笋肉馅

麸馅 枣栗馅 薄皮 蟹黄 灌浆 卧炉 鹅顶 枣仙桃 乳饼 菜饼 秤锤蒸饼 睡蒸饼

千层 鸡头篮儿 鹅弹 月饼 炙焦 肉油酥 烧饼 火棒 小蜜食 金花饼 市罗蜜剂饼

春饼 胡饼 韭饼 诸色子 诸色包子 诸色角儿 诸色果食 诸色从食

据推断这些都应该是面食，这里把月饼单独列出作为一种蒸的面食，但是并没有把月饼和中秋联系在一起，也没有做任何说明，可见当时的月饼只是众多面食中普通的一种，也还没有成为节令食品。

元代的饼类与宋代并无大的不同，只是在名称上稍有改动。胡饼改称为了烧饼，是一种烤或烙熟的面食。此前提到的带有胡麻和胡桃仁的胡饼此时叫做芝麻烧饼和胡桃仁烧饼。元代的文献中并没有提到过中秋月饼，比如熊梦祥在《析津志》这本专门介绍地区风俗的书中，提到了中秋的赏月、饮酒、食瓜果，却没有提及月饼。

明代时开始有了关于月饼的文字记载。沈榜在其《苑署杂记·民风》中记录了明代北京中秋制作月饼的盛况，其中对于"八月馈月饼"的风俗，作者作了这样的描述："士庶家俱以是月造面饼相遗，大小不等，呼为月饼。市肆至以果为馅，巧名异状，有一饼值数百钱者。"意思就是说不管是官员还是寻常百姓，在八月都要做饼互相赠送。也有店铺把果仁果脯做成馅放到饼里出售，样式很多，有的还卖得很贵。田汝成在《西湖游览志余·熙朝乐事》中阐述得更为明确一些："八月十五日谓之中秋，民间以月饼相遗，取团圆之义。是夕，人家有赏月之宴。"可见此时月饼已经成为中秋节的节令食品，它因象征着团圆、美满而深受人们青睐。《明宫史》是明朝的一位太监写的，其中写道："自初一日起，即有卖月饼者。加以西瓜、藕，互相馈送……至十五日，家家供月饼瓜果，候月上焚香后，即大肆饮啖，多竟夜始散席者。如有剩月饼，仍整收于干燥风凉之处，至岁暮合家分用之，曰'团圆饼'也。"这段文字记述的与前面不同的是谈到了中秋之夜家家户户把月饼当做供品来祭拜月亮，剩下的月饼放在通风干燥处，留着年底来食用。刘侗、于奕正所著的《帝京景物略》中有对中秋节的完整而详细的记载："八月十五日祭月，其祭果饼必圆；分瓜必牙错瓣刻之如莲花。纸肆市月光纸，绩满月像；跌坐莲花者，月光遍照菩萨也。华下月轮桂殿，有兔杵而人立，捣药臼中。纸小者三寸，大者丈，致工者金碧缤纷。家设月光位，于月所出方向供而拜，则焚月光纸，撤所供，散家之人必遍。

月饼月果，戚属馈相报，饼有径二尺者。女归宁，是日必返其夫家，曰团圆节也。"这段文字的意思是：八月十五这天，人们用圆圆的月饼和瓜果祭拜月神，西瓜要切成如莲花瓣一样的交错形状，从卖纸的店铺中买来的月光纸上有月亮和月光下盘腿坐在莲花上的菩萨的图像。月光下有桂树、宫殿和一只像人一样站立着捣药的兔子。月光纸有大有小，做工很精致。家家户户都设拜月的牌位，月亮升起后向着月出的方向拜祭，焚烧月光纸，然后撤下供品分给家人食用。亲戚之间互相赠送月饼和瓜果，有的月饼直径可达二尺。回娘家的已婚妇女，在中秋节这天也都要回到夫家，叫做团圆节。

这段文字所描写的中秋节很完整、详尽，主要记述了明朝时中秋节的几大习俗，包括家人团聚、拜月光神、分供品、亲友互赠礼物，这和我们现在的中秋节习俗已经相当接近。那么为什么月饼会出现在明代并且被赋予了团圆之意呢？这是因为明代的中秋习俗与以往不同的是更重视拜月和团聚，此时正值丰收时节，人们用上好的瓜果和新粮做的面食来作为拜月的供品，中秋祭的是圆月，人们很自然地选择与圆月外形相仿的圆形食品来作为供品，也就是前面提到的"其祭果饼必圆"，因此外形圆圆味道甜美的月饼顺理成章地成了供品的首选。随着饼肆的增多，月饼的花样也越来越多。有的还在月饼表面印上嫦娥、月兔、桂树等图案，这样月饼不管是在做工还是在寓意上都有别于其他日常的面食，而成为了中秋节特制的节令食品了。

清代，中秋吃月饼已成为一种普遍的风俗，且做工更巧，花样更多。清代诗人袁景澜有一首颇长的《咏月饼诗》，其中有"入厨光夺霜，蒸釜气流液。揉搓细面尘，点缀胭脂迹。戚里相馈遗，节物无容忽……儿女坐团圆，杯盘散狼藉"等句，从月饼的制作、亲友间互赠月饼到设家宴及赏月，都做了详细的叙述。袁枚也在《随园食单》中介绍道："酥皮月饼，以松仁、核桃仁、瓜子仁和冰糖、猪油作馅，食之不觉甜而香松柔腻，迥异寻常。"这时的月饼和我们今天食用的月饼应该说相差无几了。现在中秋拜月的习俗基本消失了，而吃月饼已经成为中秋节的主要食俗。

如今，月饼的品种异彩纷呈。我国月饼品种繁多，按地域可分为京式月饼、广式月饼、苏式月饼、滇式月饼、潮式月饼、徽式月饼、衢式月饼、秦式月饼、港式月饼、台式月饼、日式月饼

等，从馅料可分为五仁月饼、豆沙月饼、枣泥月饼、芝麻月饼、椰蓉月饼、冰糖月饼、桂花月饼、梅干月饼、火腿月饼、蛋黄月饼、肉馅月饼等，按饼皮分，则有浆皮、混糖皮、酥皮、奶油皮，就口味而言有甜味、咸味、咸甜味和麻辣味。这里按产地来介绍几类月饼的特点：

广式月饼：广式月饼用料考究、工艺精细、制作严谨，其皮薄柔软，色泽金黄，图案花纹玲珑浮凸，造型美观，馅大油润，馅料多样，甘香可口，在全国各类月饼中名气最大。它原产于广州及周边地区，目前已流行于全国各地。广式月饼的皮、馅之比通常为2：8，用料重油重糖，香甜而不腻；在口味上有甜味和咸味之分，甜味月饼以椰丝、莲蓉、五仁、钱橘等为馅料，咸味月饼以腊肠、腊肉、烧鸡、火腿为馅料。现在广式月饼中比较有名的是广州莲香楼月饼、广州酒家的白莲蓉月饼，以及江门的丽宫陈皮月饼。

京式月饼：京式月饼起源于京津及周边地区，以北京市生产的月饼为代表。京式月饼在用料和口味上具有北方风格，并吸收了宫廷膳食的一些做法。它的主要特点是外形精美，口感香脆酥松，层次分明，风味诱人。其皮馅比一般为4：6，属于硬皮类月饼，不同馅料的月饼有不同的风味。传统京式月饼的主要品种有自来红月饼、自来白月饼、五仁月饼、提浆月饼、翻毛月饼等。现在北京所产月饼以稻香村的最受群众欢迎。

苏式月饼：苏式月饼原产于上海、江浙及周边地区，历史悠久，工艺精湛。其主要特点是饼皮酥软白净，馅料香甜爽口，层酥相叠，重油而不腻。苏式月饼中最受欢迎的品种有清水玫瑰月饼、水晶白果月饼、鲜肉月饼、火腿月饼、猪油细沙月饼等。

滇式月饼：滇式月饼主要起源并流行于云南、贵州及周边地区，目前也逐渐受到其他地区消费者的喜欢。滇式月饼在用料、口感、外观上与广式、苏式月饼差异较大。其主要特点在于馅料采用了滇式火腿，香味浓郁，又甜中带咸，甜咸适中，有独特的滇式火腿香味。其饼皮有一层金黄或者棕红色的硬皮，由猪油、面粉、蜂蜜配制而成。著名品牌有昆明吉庆祥生产的云腿月饼。

衢式月饼：衢式月饼是浙江省衢州市的地方特色月饼，其特点是以芝麻为主要原料，酥香可口。因此衢式月饼也被称为"衢州麻饼"。衢式月饼的代表有"杜泽桂花月饼"和中华百年老字号"邵永丰麻饼"。

徽式月饼：徽式月饼的表皮是用上等面粉和素油搅拌加工而成的油酥皮，饼馅是由经过腌制加工的野菜（苦板菜），拌以新鲜猪板油和白糖制成。徽式月饼中最有名的是"梅干月饼"。

港式月饼：港式月饼是原产于中国香港的月饼。其特点是馅料精致，口味素淡，强调低糖、低脂、低油。港式月饼注重品种研发、口味创新以及包装的精美。港式月饼的著名品牌有荣华、美心、恒香、大班和老字号莲香楼、圣安娜。

台式月饼：台式月饼是台湾省生产，具有台湾地方风味的月饼。其特点是少糖少油，松软爽口不油腻。台式月饼的一大特色是酥皮层次分明，切开后像莲花一样层层绽开，口感绵柔。台式月饼花式很多，其中以蛋黄酥最负盛名。

上面提到的月饼基本上属于传统类型，随着大众口味的不断提高，新款式的月饼也层出不穷。如冰激凌月饼、冰皮月饼、椰奶月饼、果蔬月饼、海味月饼、纳凉月饼、茶叶月饼、象形月饼等。

冰激凌月饼：冰激凌月饼虽然名叫月饼，但却完全由冰激凌制成，只是外形与月饼相似罢了。

果蔬月饼：果蔬月饼的馅料主要由哈密瓜、凤梨、荔枝、草莓、冬瓜、芋头、乌梅、橙等果蔬制成，馅心滑软，风味各异，清新爽甜。

椰奶月饼：椰奶月饼的馅料由新鲜的椰汁、淡奶及瓜果制成，低糖低油，入口清甜，椰味浓郁，齿颊留香，有清润、健胃、美颜的功效。

海味月饼：海味月饼是比较名贵的月饼，馅料可用鲍鱼、鱼翅、紫菜、鳐柱等，微带咸鲜，甘香可口。

茶叶月饼：又称新茶道月饼，是以新摘绿茶为主要馅料，口感清淡微香。其中的茶蓉月饼以乌龙茶汁拌莲蓉为馅，独具匠心。

纳凉月饼：纳凉月饼是在月饼馅中加入百合、绿豆、茶水等精制而成，有清润、美颜之功效。

象形月饼：过去叫做猪仔饼，馅料较硬，外形为动物、花草等儿童喜爱之物，是孩子们的新宠。

中秋节还有一些地方性饮食，如在东南沿海有吃糖芋艿的。传说戚继光抗倭，一支队伍被困，弹尽粮绝，就在山里挖野芋艿充饥，后来全歼倭寇，这一天正是中秋节，戚继光为了纪念阵亡将士，称芋艿为"遇难"，民间就留下了中秋吃糖芋艿的风俗。此外还有的地方吃螃蟹、芋头、水鸭公、糍粑、菜饭等。

四、赏月 拜月 庆丰收——中秋习俗

作为中国的第二大节日，中秋节习俗众多。归结起来主要有以下几种：亲友团聚、吃月饼、拜月、赏月、庆丰收、燃灯、祈子、预测气象等。

亲友团聚：中国传统文化贵人伦、重亲情，所以中国传统节日注重家人团聚，尤以春节和中秋节更为突出。古人由月圆而盼人团圆，用"月的阴晴圆缺"来形容"人的悲欢离合"。客居他乡的游子，面对一轮满月，思乡之情油然而生，月亮也成为游子寄托乡思的载体，唐代诗人李白的"举头望明月，低头思故乡"、杜甫的"露从今夜白，月是故乡明"、宋代王安石的"春风又绿江南岸，明月何时照我还"等诗句，都是千古绝唱。

吃月饼：从历史上看，吃月饼只是众多中秋节习俗的一种，甚至在中秋节已经形成的唐宋元代，并没有专门为中秋而制的月饼，明朝之后月饼才成为中秋独特的节令食品。月饼作为祭月的供品，圆圆的外形又与天上的明月相得益彰，自然受到人们的青睐。现在，在很多地方的中秋节庆活动越来越淡化甚至消失的时候，吃月饼反而成为了中秋节最重要的事情。

祭月：古人由于不能正确地认识自然，所以多把自然物和自然现象视为神来崇拜，月神就是人们心中的自然神之一。民间多称月为月神、月姑、月宫娘娘、太阴月光神、嫦娥等，相对应的也有一系列的祭月活动。《燕京岁时记》中记载道："京师谓神像为神马儿，不敢斥言神也。月光马者，以纸为之，上绘太阴星君，如菩萨像，下绘月宫，及捣药之玉兔，人立而执杵。藻彩精致，金碧辉煌，市肆间多卖之者。长者七八尺，短者二三尺，顶有二旗，作红绿色，或黄色，向月而供之。焚香行礼。祭毕，与千张、元宝等一并焚之。"由此可知过去祭月，都是从南纸店买一种纸马，即用木板印的神像，其中就包括月神，

中国传统节日

祭祀后把月神纸马烧掉，其中包括纸马上的月宫、玉兔，也有不焚烧者，把月神纸马压在小孩床下，可保佑小孩健康成长。拜月的方式有很多，或向月跪拜，或供月光神马，还有以木雕月姑为偶像者，都把神像供在月出的方向，设供案摆供品。北方多供梨、苹果、葡萄、毛豆、鸡冠花、西瓜，南方则供柚子、芋头、香蕉、柿子、菱角、花生、藕等。当月亮升起后，烧头香，妇女先拜，儿童再拜。谚语云："男不拜月，女不祭灶。"从这种意义上说，中秋节又是妇女的节日，是她们祭祀月姑的盛会。有些地方男子也拜月神，但不出面主祭。老年妇女在拜月时还念叨："八月十五月正圆，西瓜月饼敬老天，敬得老天心喜欢，一年四季保平安。"拜月后，烧月光神马，撤供，祭拜者可分食供品。当天晚上老人还给儿童讲有关月亮的故事，如嫦娥奔月、玉兔捣药、吴刚砍桂树、唐王游月宫等。

宋代、明代、清代宫廷和民间的拜月赏月活动颇具规模。我国各地至今遗存着许多"拜月坛""拜月亭""望月楼"的古迹。现在，祭月拜月活动已被规模盛大、多姿多彩的群众赏月游乐活动所替代。

赏月：赏月的风俗来源于祭月。随着人们对自然的正确认识，赏月逐渐代替了祭月，严肃的祭祀变成了轻松的欢娱。民间中秋赏月活动约始于魏晋时期，但没形成风气。到了唐代，中秋赏月、玩月才开始盛行，许多诗人的名篇中都有咏月的诗句。比如欧阳詹在《长安玩月诗》序中说："八月于秋，季始孟终，十五于夜，又月之中。稽之大道，则寒暑匀，取之月数，则蟾魄圆。"宋代时，正式形成了以赏月活动为中心的中秋民俗节日。与唐人不同，宋人赏月更多的是感物伤怀，常以阴晴圆缺喻人情事态，即使中秋之夜，明月的清光也掩饰不住宋人的伤感。但对宋人来说，中秋同样也是世俗欢愉的节日，"中秋节前，诸店皆卖新酒，贵家结饰台榭，民家争占酒楼玩月，笙歌远闻千里，嬉戏连坐至晓"（《东京梦华录》）。宋代的中秋夜是不眠之夜，夜市通宵营业，玩月游人，达旦不绝。明清以来，"赏中秋"的风俗更加盛行。直至今日，每逢中秋佳节，仍盛行中秋之夜全家团聚共赏明月的习俗。

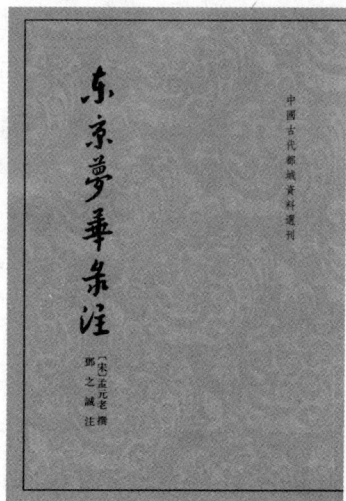

庆丰收：八月中旬正是丰收的时节，瓜果上市，新粮进仓。为庆祝丰收，感谢神灵恩赐，并祈祷来年能够风调雨顺，佳年好景，人们用新鲜的瓜果糕点来拜祭神灵是很自然的事。庆祝丰收有多种习俗，比如有的地方就注重在中秋节这天三餐都要丰盛，尤其是晚餐，饭后还会准备很多新鲜的瓜果，让家人尽情食用，充满了丰收后的喜悦。山东庆云农村过去过中秋节时有祭土谷的习俗，台湾省的农民也会在中秋节这天祭拜土地公，并且会在田间插上"土地公拐杖"，这种拐杖是用竹子做的，里面会夹上一些纸钱，称为"土地公金"，以此来感谢土地公的恩赐，并保佑来年也五谷丰登。阿美、鲁凯等少数民族会在中秋节及其前后几天举行丰收祭，人们聚集在一起载歌载舞，通宵玩乐庆祝丰收。

燃灯：中秋节有许多的游戏活动，燃灯便是其中流传甚久的一种。中秋是我国三大灯节之一，但是这天没有像元宵节那样的大型灯会，燃灯主要是在家庭、儿童之间进行的。早在北宋《武林旧事》中记载中秋夜节俗，就有将"一点红"灯放入江中漂流玩耍的活动。中秋玩花灯，多流行于南方。人们制成各种各样的彩灯，有芝麻灯、蛋壳灯、刨花灯、稻草灯、鱼鳞灯、谷壳灯、瓜子灯及鸟兽花树灯等，做工之巧令人赞叹。在广州、中国香港等地，中秋夜要进行树中秋活动，树亦作竖，即将灯彩高竖起来之意。小孩子们在家长协助下用竹纸扎成兔仔灯、杨桃灯或正方形的灯，横挂在短杆中，再竖起于高杆上，明月之下，彩光闪耀，为中秋再添一景。另外还有放天灯的，即孔明灯，用纸扎成大型的灯，灯下燃烛，热气上腾，使灯飞扬在空中，引人欢笑追逐。另外还有儿童手提在月下游嬉玩赏的各式花灯。在广西南宁一带，除了以纸竹扎各式花灯让儿童玩耍外，还有很朴素的柚子灯、南瓜灯、桔子灯。所谓柚子灯，是将柚子掏空，刻出简单图案，穿上绳子，内点蜡烛即成，光芒淡雅。南瓜灯、桔子灯也是将其瓢掏去而成。虽然朴素，但制作简易，很受欢迎，有些孩子还把柚子灯漂入河水中做游戏。广西有简单的户秋灯，是以六个竹篾圆圈扎成的灯，外糊白纱纸，内插蜡烛，挂于祭月桌旁祭月用，也可给孩子们玩。

祈子：在传统的农业社会里，生产力低下，维持生产必须依靠人力，当时人们极其重视子嗣，以求增加人手，因此流行各种求子风俗。在古人观念里，月亮属阴，主母性。所以民间一直有把月神当做生育神崇拜的习俗。中秋之日，正是求子的良机。《东京梦华录》卷八："八月秋社……人家妇女皆归外家，晚归，即外公、姨舅，皆以新葫芦儿、枣儿为遗。"葫芦多子，象征多子多孕，所以葫芦是求子的吉祥物。民间常常还把葫芦挂在床上，作为求子象征。更普遍的求子方法是中秋送瓜求子。在湖南的衡阳就有这种习俗：中秋这天，年长者会到有孩子人家的菜园里偷个冬瓜，然后把冬瓜穿上衣服，画上面目，敲锣打鼓送给没有小孩的已婚妇女。接瓜的人家要请送瓜者吃月饼，然后把瓜放在妇女的身边睡一宿，第二天早上煮熟吃掉，意为种瓜得瓜，种豆得豆。这种习俗在贵州、安徽等地也有流传。

预测气象："八月十五云遮月，第二年来雪打灯"；"云掩中秋月，雨打上元灯"；"八月十五雨淋淋，正月十五雪打灯。"这是民间根据中秋当天的天气情况来预测来年元宵节天气的谚语，意思就是八月十五这天如果是云遮月或是阴雨天，明年正月十五往往是落雪天。这种对天气的预测在全国很多地方都有流传，但是并没有确切的科学依据。据估测可能是因为八月十五这天天气不好的话，会很扫人们过节的兴致，进而担忧来年正月十五的天气也会不好，所以才会有这种推测。

除了以上提到的中秋吃月饼，庆团圆等节俗外，各地还有自己独具特色的节日习俗。

北京：兔儿爷

北京人过中秋，除了好吃的京式月饼，最有特色的就属玩兔儿爷、拜兔儿爷了。兔儿爷有泥塑、有纸绘，外形上除了有和兔子一样的长耳朵和三瓣嘴，其他地方和人没什么区别。它大眼，三角眉，染着粉红色的脸蛋，英俊中又透着机灵。兔儿爷有多种扮相，最典型的是武将扮相。身

披金盔金甲、大红色的战袍、背后插一把伞盖或者两面护背旗，手里有的拿刀，有的抱杵，有的什么也不拿，身下的坐骑也是五花八门，有黑虎、白象、狮子、麒麟、骆驼、凤、鹤、鹿、马等，此身打扮的兔儿爷威风凛凛，兔嘴孩童的眉目又掩不住一脸的稚气可爱。除了武将造型，兔儿爷还有穿日常服装的生活造型、挑着扁担的市井造型，更有一种肘关节和下颌能活动的兔儿爷，俗称"吧嗒嘴"，甚是讨人喜欢。它虽为拜月的供品，但实在是孩子们的绝妙玩具。

兔儿爷究竟是怎么来的呢？又为什么能够成为北京及周边地区的中秋节令物品呢？据考证，兔儿爷起源于明末，其形象来源于明代月光纸上捣药的玉兔。那时中秋节人们供奉月光菩萨，玉兔只是月光菩萨身边的侍者，负责捣制仙药。民间传说有一年瘟疫泛滥，百姓痛苦不堪，玉兔不忍人们遭受如此磨难，就下凡来给百姓看病，但是因为它是兔子的模样，所以人们都很害怕它，于是玉兔想出了一个办法，它穿上了人的衣服，变成人的模样，这样人们就不再害怕它了。人们为了纪念善良的玉兔，感谢它给人们带来了健康，就依据它的形象做成兔神，并在八月十五这天祭拜它。北京人爱吃的自来红月饼和自来白月饼传说也是源于玉兔给人治病的红白药片。明人纪坤的《花王阁胜稿》中记载道："京中秋节多以泥抟兔形，衣冠踞坐如人状，儿女祀而拜之。"这时的兔神穿着人的衣服，像人一样坐着，和后来的兔儿爷还有些差距，一是还没有称为"爷"，二是这时的兔神只是被人当做神来崇拜，还不能成为孩子们的玩具。到了清代，它就成了既享香火又供玩耍的集神、人、兔为一体的泥塑了。清代潘荣陛在《帝京岁时纪胜·彩兔》中说："京师以黄沙土作白玉兔，饰以五彩妆颜，千奇百状，集聚天街月下，竟而易之。"由此可知，街市上人们争相购买各种各样五颜六色的泥兔塑像，可见兔儿爷在当时是很受欢迎的。清代蒋士铨的《京师乐府词·兔儿爷》描述得更为详细："月中不闻杵臼声，捣药使者功暂停。酬庸特许享时祭，抟泥范作千万形。居然人身兔斯守，担头争买兔儿爷。长须缺口供玩弄，可惜官人无角牙。"清代富察敦崇《燕京岁时记·兔儿爷摊子》记

中国传统节日

96

载道："每届中秋，市人之巧者用黄土抟成蟾兔之像以出售，谓之兔儿爷。有衣冠而张盖者，有甲胄而带纛旗者，有骑虎者，有默坐者。大者三尺，小者尺余。"从这两段话中我们可以看出当时兔神已经有了明确的名字——"兔儿爷"，并且形态各异，已经与现在的兔儿爷相差无几了。清代诗人枥翁也有一首关于兔儿爷的诗《燕台新咏》："团圆佳节庆家家，笑语中庭荐果瓜。药窃羿妻偏称寡，金涂狡兔竟呼爷。秋风月窟营天上，凉夜蟾光映水涯。惯与儿童为戏具，印泥糊纸又抟沙。"这首诗对兔儿爷的恭敬之情比明代淡了许多，称神兔为"金涂狡兔"，并明确点明兔儿爷已经成为了孩童喜爱的玩具。

为什么北京人要把原本高高在上的兔神改称为兔儿爷呢？首先，"爷"这个字可以说聚集了地道的北京味，"爷"在北京是对男人的敬称，在社交场合称呼别人为"爷"是一种客套语，如果大家都习惯在一个称呼后面加上"爷"，则表示这个人在大家心中很有权威和地位。把玉兔称为"爷"，表示人们对其极为尊敬，但这种尊敬并不是高不可攀得让人敬而远之，而是融于人们的心里，是可亲可近惹人喜爱的，所以"兔儿爷"这个透着北京味儿的称呼表现了北京人对兔神亲近又喜爱的感情。玩兔儿爷就是这样一种既哄孩童高兴又被当做神敬的习俗，兔儿爷的销售，也在每年八月十五之前的半个月左右，过了中秋节也就下市了。所以兔儿爷是独具北京特色的中秋节令物品。

浙江书坊：洗井节

在浙江书坊一带，中秋节又叫洗井节。这一天，人们会把村里每一口井都仔细地清洗一遍，然后放入茶叶和小鱼。这个独特的风俗来源于一个传说，相传书坊最初叫做书林县，在这里有一家很有名的豆腐店，店主是一个姓邝的年轻人，人们都叫他"邝豆腐"。在豆腐店的门前有一口水井，这口井的水从来不会干枯，而且夏天冰凉，冬天温热，入口甘甜。有一天，村里来了一公一母两个蛇精，到处危害人畜，当地人没有办法，只得请了两个法力高强的法师，两个蛇精抵挡不过只得逃走。可是法师一走，它俩又偷偷地回来了。这一年的八月十五，邝豆腐很早就起来做豆腐，他刚想开门，就听见外面有人说话，他觉得

很奇怪，就从门缝向外看去，这一看吓了他一大跳，原来外面正是那两条蛇精在说话。只听公蛇精说："这些人真可恶，请了那么厉害的法师来，差点要了咱俩的命。"母蛇精回答道："是啊，我们一定想个办法报复他们，我看这口井不错，不如……"公蛇精会意地点点头，于是两条蛇精把头深深地插在水井里，许久才拿出来走开了。不一会儿天就亮了，村里的人纷纷来挑水，邝豆腐赶忙拿起一个大木板盖住水井，然后自己坐在木板上，不让任何人挑水，因为他知道那两条蛇精一定是在这口井里下了毒想害死大家。这时来挑水的人越来越多，他们看到邝豆腐坐在井口上，就问："邝豆腐，你怎么把井霸住，不让我们挑水？"邝豆腐说："这水里有毒，今天早上那两个蛇精在井里下了毒，你们不能喝这井的水。"大家一听，不知是真是假，顿时乱作一团。还有一些人七嘴八舌地说："邝豆腐，蛇精早被法师赶跑了，你是不是看今天过节，挑水的人多，怕耽误你做豆腐，才不让我们挑水啊？"邝豆腐一听，急得满脸通红，大家看他这样更以为他是说假话，有的人搋着他的胳膊想把他拉起来，邝豆腐见大家不相信他，便站起来对大家说："大家不要吵了，你们不相信这井水有毒，那就让我先喝三口，如果没事，你们再挑吧。"说完从井里吊上一桶水，弯下身子连喝了三大口。不一会儿，人们看见邝豆腐的脸由白转红，又由红转青，两眼翻出来，倒地没气了。邝豆腐死了，人们知道错怪了他，是他用自己的生命救了所有的人，为了纪念他，人们把豆腐店改建成一座庙，并塑了一个面色铁青，两眼突出，左手握拳，右手拿金锤，貌似邝豆腐的金像，称为"神周佛"。此后，每到夏历八月十五这天，书坊人都要把邝豆腐的神像抬出来游街，并且把书坊的每一口井上上下下都清洗干净，放入茶叶是为了解毒，放入小鱼是为了验证井水里是否被放毒。这就是中秋洗井习俗的由来。

浙江杭州：中秋观潮

"定知玉兔十分圆，已作霜风九月寒。寄语重门休上钥，夜潮留向月中看"，这是宋代大诗人苏轼写的《八月十五日看潮》。大意是说八月十五日月亮特别圆，秋风吹来已经有九月的寒意了，请看守杭州城门的人今晚不要锁城门，好方便百姓在月色下欣赏大潮。

在浙江杭州一带，中秋节除赏月外，钱塘江观潮可谓是又一盛事。观潮的风俗由来已久，早在汉代枚乘的《七发》大赋中就有了相当详尽的记述。汉代以后，中秋观潮的风俗更加盛行。明代朱廷焕的《增补武林旧事》、宋代吴自牧的《梦粱录》中都有观潮的相关记载。由此可见在宋代，中秋观潮就已经成为杭州一带风行的风俗。钱塘江口的地形类似一个大型漏斗，每当海潮涌至，受到渐近渐狭的地形影响，波浪便重重叠叠堆积成一道水墙，声势极为壮观。由于夏季至秋季降雨量大增，农历八月十五会形成每年最大的一次潮涌，可谓是观潮的最佳时期。《武林旧事》里对于钱塘江潮水震撼天地的磅礴气势有如下描述："方其远出海门，仅如银线，既而渐近，则玉城雪岭，际天而来。大声如雷霆，震撼激射，吞天沃日，势极雄豪。"直至今日，钱塘观潮仍是浙江省中秋节最具特色的活动。

中国香港：舞火龙

在中国香港，中秋节最富传统特色的习俗要数舞火龙了，每年的农历八月十四至十六日晚，铜锣湾大坑地区都会举行盛大的舞火龙活动。八月十四的舞火龙称为"迎月"，所舞的龙有金龙、银龙和纱龙等多种。火龙一般全长七十多米，有三十二节龙身，龙身过去由稻草扎成，现在改为珍珠草了，龙头用藤条编成骨架，用带锯齿的铁片做牙，手电筒为眼睛，红色的木片为舌头，龙身上插满了有吉祥之意的长寿香。夜幕之下，一条条蜿蜒起伏、绚丽喜庆的火龙伴着欢腾的音乐起舞，热闹非凡。关于中秋舞火龙还有这样一个传说：据说在很久以前，大坑地区遭遇了一场罕见的风暴袭击，风暴过后，村庄一片狼藉，正当村民们打算重建村庄之时，却不知从哪里跑来了一条凶猛的蟒蛇，四处作恶，村民们无法，就合起来商量了一个计策，趁着蟒蛇睡觉的时候，几个胆子大、枪法准的村民悄悄地来到蟒蛇的栖身之洞，拿出事先准备好的猎枪把蟒蛇杀死了。大家以为这回村庄该恢复太平了，

可没想到，没过多久，村里突然爆发瘟疫，村民病死很多，医生都束手无策。正当人心惶惶之时，有一天全村老小都做了一个相同的梦，梦见菩萨指点说只要在中秋节这天点燃火龙并由多人举着来回舞动，就可以消灾解难、驱除瘟疫。于是第二天全村老小聚集在一起赶做了一条长长的火龙，在中秋这天由年轻力壮的年轻人高举着绕村舞动，这一方法果然奏效，村里的瘟疫竟然止住了。人们欢呼雀跃，从此这个风俗也流传了下来。虽然这个传说多少有点迷信的色彩，但是在中秋之夜，用"龙"这个自古以来就是中国吉祥富贵的象征之物来祈求安康幸福，也表达了人们对生活的美好祝愿。如今大坑区的舞火龙活动已经发展成较大规模，除总教练、教练、总指挥及指挥、安全组等，轮番舞龙者就可达三万多人。

潮汕地区：荡秋千、游月娘

广东潮汕地区的中秋节习俗丰富多彩，这里简单的介绍两种：荡秋千和游月娘。

中秋之夜，人们会预先在空旷的草地上搭起高达两层楼的单双座秋千和十字秋千。棚顶四周拉起一道道绳子，系满五彩缤纷的绸花和彩带。在夜空的映衬之下，分外美丽。当银盘样的月亮(当地俗称"月娘")升上中天，穿着节日盛装的少男少女便兴高采烈地来比赛荡秋千。传说月亮上吴刚砍伐桂树时会有枝叶掉落下来，荡秋千最高的人会抢先得到，谁得到了就会长生不老。按当地的风俗，荡秋千的只能是男人，女人只能在旁边加油鼓劲。于是小伙子们鼓足气力比赛谁荡得最高，但其实男人比赛荡秋千也是为了获得心仪女子的芳心。在围观者的欢声笑语中，单座和双座秋千向月娘抛出一道道如彩虹般的彩带，十字秋千箍着花环腾空飞旋。荡得最高的小伙子便是少女心目中的英雄，会格外得到姑娘们的青睐。中秋夜这轮最圆最亮的月亮就成了连接少男少女的爱情的月娘了。

中秋节这天当然也不能冷落了孩童们。这天大人们都会把竹子劈成竹篾，扎成脚盆大小的骨架子，然后用毛边纸仔细地糊成一轮满月。夜幕降临之后，孩童们会在"月娘"肚子里点上蜡烛，把它扛在肩上，招呼着小伙伴一起嬉戏玩耍，远远看去就像是月娘落入了凡间，把人间的夜晚也点缀得如天空般如梦如幻。

厦门：玩会饼博状元

厦门人过中秋节，除了赏月和吃月饼以外，还有一种"玩会饼博状元"的民俗活动颇为有趣。会饼博状元原本是历史上用月饼博彩头的一种游戏，后来逐渐发展成程序繁复的节庆民俗活动。会饼的地点可以是公园、路边等公共场所，也可以是自己家中，会饼以"会"计算，一般一"会"以四五人为宜。

每会有六十三块月饼，根据大小用料分为六种，设状元饼(最大的)一个、对堂(榜眼)饼二个、三红(探花)饼四个、四进(进士)饼八个、二举(举人)饼十六个、一秀(秀才)饼三十二个，象征古代四级科举考试。科举考试制度确立于唐代，完善于宋代，在明清发展到极致。明清时期的科举考试分为四级，通过院试者成为秀才，乡试(省级)考中者称举人，在京师礼部会试及第者称贡生。会试发榜后不久，举行殿试，内阁大臣批阅试卷，皇帝亲自确定三甲进士榜：一甲三名，为状元、榜眼、探花，赐进士及第，二甲若干名，赐进士出身，三甲若干名，赐同进士出身。饼的种类和等级的设置就是仿照这套科举考试制度而定的。状元饼最大，直径约二十厘米，饼面印有嫦娥奔月等图案，其余的饼按等级逐渐减小，游戏时还要准备六个骰子一个瓷碗，游戏者将六个骰子掷入碗中，按规定的点数组合样式和点数多少确定获得哪种月饼。

关于会饼游戏还有这样一个传说，据说三百多年前郑成功率领军队在厦门抗击荷兰入侵者，时值中秋节，将士们思乡心切，于是一个叫洪旭的部将发明了这种用月饼博状元的游戏，使大家在中秋之夜尽情欢庆，缓解了士兵的愁绪，鼓舞了士气。之后这个风俗就一直流传了下来。随着郑成功收复台湾，中秋会饼三百多年来在台湾也很盛行。

福建：抛帕招亲

在福建省的南平、尤溪一带，有中秋之夜抛帕招亲的习俗。中秋这天，会事先在广场上搭建一个大大的彩台，布置成月宫的样

子，并设有玉兔、桂树等。夜幕降临之后，一些未出嫁的姑娘穿着古装扮成嫦娥，在台上载歌载舞。欢庆之后姑娘们会把绣着不同花色的手帕抛向周围的观众，如果观众接得的手帕与"嫦娥"手中的花色相同，即可登台领奖。如果是未婚的小伙子，他又看上了这位姑娘，就可以把手帕还给姑娘以示爱意，姑娘如果也中意他，就摘下手上的戒指送给他，此后，双方可以交友往来，情投者便喜结良缘。

湖南瑶族：中秋修路

湖南城步县的八排瑶聚居地有中秋修路除草的风俗。八月十五这天，男女老少吃过早饭之后都会自发地去修路，年轻的小伙子和姑娘们拿着工具，带着午饭，翻山越岭来到与邻寨相接的路口，以此为界向着自己的寨子方向除草垫路，整修桥梁，年老体弱者和小孩子则在寨子附近修路。这一天还有个习俗，就是不能在别人家吃饭，意为保住自己修路的功德，不能流到别人家去。当地人认为中秋修路是一件积攒功德的圣事，谁修的路最多最好，就会有光明的前途。关于中秋修路有这样一个传说：相传瑶家的祖先盘瓠在一次打猎时掉进荆棘丛中，被毒刺刺伤，导致中毒身亡。瑶族人为了吸取祖先的教训，就在秋后打猎繁忙季节到来之前铺修道路，为打猎创造有利条件。

湖南侗乡：偷月亮菜

湖南侗乡的中秋之夜，流行着一种有趣的"偷月亮菜"风俗。相传古时候，中秋之夜，月宫里的仙女都要下到凡界把甘露洒遍人间。人们若在这一夜品尝洒有甘露的瓜果蔬菜，就会健康幸福。侗家给这种风俗，取名为"偷月亮菜"。

中秋夜，侗家姑娘打着花伞来到心仪对象家的菜园里采摘瓜菜，她们一边摘菜一边故意高声叫喊："喂！你的瓜菜被我摘走了，你到我家去吃油茶吧！"

姑娘们表面为摘菜,实则是借助这种方式向心仪的小伙子表达自己的心意。如果能摘到一个并蒂的瓜果,这表示她们能有美满的爱情。因此,成双生长的豆角便成了她们采摘的首选对象。已婚的妇女这夜也会到别家菜园里去"偷月亮菜",她们希望能采到一个最肥的瓜或一把新鲜青翠的毛豆,因为这象征着小孩的肥壮,毛头(毛豆的谐音,指小孩)的健康。小伙子们同样也会去"偷月亮菜",他们也希望月宫仙女赐给他们幸福的姻缘。不过,他们只能在野地里煮了吃,不能带回家去。"偷月亮菜"这种有趣的风俗给侗乡的中秋之夜增添了无限欢乐。

江苏:斗香、走月

在江苏的苏州、无锡、常熟等地有中秋"斗香"的习俗,在月亮将出的时候,一些较富裕的家庭就开始在庭院之中布置斗香。斗香是将很多根细香紧紧地捆扎成一个粗粗的圆柱体,作为底盘放在地上,再扎一个稍小的圆柱放在底盘上,依次效法,越往上用细香扎的圆柱体越细,在两个圆柱相接的地方会用彩纸围住,可以起到固定的作用,彩纸上往往绘有嫦娥、月宫、桂树、玉兔等图案,整体看上去犹如一个色彩绚丽的塔,所以也叫"香塔"。香塔有高有低,最高者有二十多层,近一人高,明月当空之时,点燃香塔,层层叠叠的火光预示着红红火火节节高升,很是壮观。烧斗香在清代最为繁盛,但是这种奢侈的烧香方法也只限于富裕的家庭,穷苦人家是摆不起这么大的排场的。

苏州一带还有中秋走月的习俗,《中华全国风俗志·江苏》记载:"中秋夜,妇女盛装出游,互相往还,或随喜尼庵,鸡声喔喔,犹婆娑月下,谓之走月亮。"说的是月亮升起之后,穿着盛装打扮艳丽的妇女们相约结伴或在月下嬉戏玩耍,或互相串门闲话家常,或去闹市庙会闲逛,这样一直到夜深才返家。

江西:烧宝塔

在江西婺源地区,每逢

中秋节有"烧宝塔"的传统习俗。《中华全国风俗志》卷五记：江西"中秋夜，一般孩子于野外拾瓦片，堆成一圆塔形，有多孔。黄昏时于明月下置木柴塔中烧之。俟瓦片烧红，再泼以煤油，火上加油，霎时四野火红，照耀如昼。直至夜深，无人观看，始行泼息，是名烧瓦子灯"。烧宝塔是孩童们玩的一种有趣的游戏。这一天，孩子们用砖和瓦，堆成七层宝塔，上小下大，塔中是空的，塔前挂有彩色帐幔，有的还悬挂匾额和对联或一些装饰品。塔的前面放一张小桌子，上面摆着供敬月神的果品和月饼等食品。到了夜间，孩子们欢天喜地地在塔内外点起灯烛，然后在塔前赏月、游戏，一直到夜深方散。福建晋江也有"烧塔仔"的活动。相传这种习俗与反抗元兵的起义有关。元朝建立后，对汉人进行了血腥的统治，汉人不堪忍受，于是相约中秋节起义，以宝塔的顶层点火为信号，类似于后来的烽火台点火传递信息，最后反抗虽然被镇压下去，却保留了烧宝塔这一习俗。这个传说可以说与中秋吃月饼的传说有异曲同工之处。

台湾省：托球舞

中秋之夜，明月朗照，台湾省的高山族同胞穿着美丽的民族服饰，聚集在日月潭边，玩起"托球舞"游戏。关于这个游戏的由来有这样一个传说：相传很久以前在大清溪边有一对年轻的夫妇，男的叫大尖哥，女的叫水花姐，两人靠捕鱼度日，生活平静而甜蜜。有一天，太阳和月亮不知为什么突然都不见了，天昏地暗，草木枯萎，动物哀号，人心惶惶。大尖哥和水花姐决心把太阳和月亮找回来。他俩找到白发老婆婆，请她指点迷津。老婆婆说太阳和月亮是被深潭里的两条龙吞食了，这两条龙一公一母，很是凶猛，只有勇气和决心超群的人才能除掉它们。大尖哥和水花姐说："我们有战胜恶龙的决心和勇气，我们愿意为了大家去除掉恶龙。"老婆婆听了就送给他俩一把金斧和一把金剪刀，并叮嘱他们一定要为民除害。大尖哥和水花姐历尽辛苦，终于用金斧砍死了深潭中吞食太阳的公龙，用金剪刀杀死了吞食月亮的母龙，然后用大棕榈树枝，把太阳和月亮托上了天空。为了防止再有恶龙出来祸害人间，他们变成了大尖和水花两座大山，日日夜夜守在潭边，这个大潭就是"日月潭"。人们为了纪念大尖和水花夫妇的献身精神，在每年的中秋都要到日月潭边来模仿他们夫妇托太阳、月亮的样子跳起托球舞，不让彩球落地，以求一年的日月昌明、风调雨顺。

其他中秋风俗：

南京人过中秋除了吃月饼外，还有一道名菜也是必吃的，这就是"桂花鸭"。"桂花鸭"在桂子飘香之时应市，肥而不腻。宴饮酒后人们习惯吃一小糖芋头，浇上桂浆，美味无比。桂浆又叫糖桂花，是在中秋前后采摘桂花用糖和酸梅腌制而成。"桂浆"这个名字源于屈原《楚辞·少司命》中的"援北方闭兮酌桂浆"。除了桂花鸭和桂浆，游玩月桥也是南京人过中秋不可缺少的一个节目。人们结伴在中秋夜登望月楼、游玩月桥，以共睹玉兔为乐。

四川人过中秋除了吃月饼外，还要吃糍粑、鸭子、麻饼、蜜饼等。有的地方也把橘子掏空，里面燃上蜡烛，挂在门口，俗称"橘灯"。孩子们提着插满香的橘子，沿街舞动，叫做"舞流星香球"。嘉定县在中秋节有"看会"的习俗，包括祭拜土地神、演杂剧、声乐等。

东莞人相信"月老为媒"，所以中秋之夜未婚男女会在月下焚香燃烛，祈求月老为其牵线找到意中人。已婚妇女也会在中秋之夜走出家门沐浴月光，希望早生贵子，圆圆的月亮有多子的象征，当地人相信沐浴月光可使妇女怀孕，称为"照月"。

江西省吉安县在中秋节的傍晚，每个村都用稻草烧瓦罐。待瓦罐烧红后，再放醋进去。这时就会有香味飘满全村。新城县过中秋时，自八月十一夜起就悬挂通草灯，直至八月十七日止。

在福建浦城，女子过中秋要穿行南浦桥，以求长寿。在建宁，人们会在家里挂上大大小小各种花式的

灯笼，有向月娘祈子的含义。

山东省庆云县农家为了庆祝丰收，会在八月十五祭土谷神，称为"青苗社"。诸城、临沂和即墨等地中秋除了祭月外，也要上坟祭祖。

河北省万全县称中秋为"小元旦"，人们会在祭月的月光纸上画上太阴星君及关帝夜阅春秋像。河间县人认为中秋雨为苦雨，如果中秋节下雨，当地人会认为青菜的味道会很苦。

陕西省西乡县的男子会在中秋节的晚上泛舟，女子则在家准备丰盛的饭菜。这天不论贫富，每家都会吃西瓜，期盼着多子多福。

蒙古族人在中秋之夜爱玩"追月"的游戏。人们穿着盛装，骑着骏马，在银白色的月光下奔驰在草原上。他们向西追着月亮，直到月亮西下。

西藏一些地区的藏族同胞欢度中秋的习俗是"寻月"。这天夜晚，男女青年和孩童们沿着河流，跟着倒映在水中的明月，把周围河塘中的月影寻遍，然后回家吃月饼。

云南潞西的德昂族青年男女，每逢中秋月明高挂之时都会聚集在一起，吹着悠扬动听的葫芦笙，寻找自己的意中人，倾诉爱慕之情。

广西西部壮族有中秋"祭月请神"的活动，中秋夜，人们在村头村尾露天处设一供桌，供放祭品和香炉，桌子右边竖一个高约一尺的树枝或竹枝，象征桂树。整个活动分为四部分，包括请月神下凡，由一名或两名妇女作为月神的代言人；神人对歌；月神卜卦算命；歌手唱送神咒歌，送月神回天。

农历八月十五日，是中国传统的中秋佳节。受中华文化的影响，中秋节也成为了东南亚和东北亚一些国家尤其是生活在当地的华侨华人中备受重视的节日。虽然同为中秋，但各国习俗却大相径庭，形式不同但都寄托着人们对美好未来的期盼。

日本：在日本，中秋节被称为"十五夜"或"中秋名月"。日本人在这一天同样有赏月的习俗，在日语里称为"月见"。一千多年前，赏月的风俗从中国传到日本，当地人也开始在中秋之夜赏月、宴饮，称之为"观月宴"。但是日本人这一天并不吃月饼，而是吃江米团子，也叫"月见团子"。由于正值各种作物的收获季节，日本人也会在这天举行一些庆祝丰收的活动，表达对大自然的感谢。明治维新之后，日本废除农历改用阳历，但是各地仍保留着中秋赏月的习俗，一些寺院和神社在中秋节还要举办专门的赏月会。

越南：越南人过中秋时节日气氛浓烈，中秋前后，市场上风味各异的月饼、绚丽夺目的花灯、各种各样的儿童玩具都很热销，街道上沿街摆卖月饼的店铺披红挂绿，印着"月饼"字样的大红灯笼高高地悬挂在店前的醒目位置，满街都是喜庆的节日气氛。除了月饼这种节令食品很受欢迎外，各地也都会举办花灯节、舞狮会，中秋之夜，人们或围坐在院子里吃着月饼赏月，或到广场上看各种文艺表演，孩子们则提着各种灯笼成群结队地尽情嬉闹。

新加坡：新加坡是一个华人占人口大多数的国家，对于传统的中秋佳节自然十分重视。此地的华人借中秋之际互赠月饼，表达问候与祝愿。新加坡是一个旅游业很发达的国家，中秋佳节更是一个吸引游客的好时机。每年中秋临近之时，当地著名的乌节路、新加坡河畔、牛车水及裕华园等地都会挂满灯笼，装饰一新。中秋之夜，明月当空，霓虹闪烁，天上美景与地上繁华遥相呼应，大街小巷都呈现着一派祥和喜庆的节日气氛。

马来西亚、菲律宾：每年的中秋节，马来西亚和菲律宾的华人都要举行隆重的庆祝活动。这一天，各地的老字号商家都会推出各种样式各种口味的月饼，报纸、电视上的月饼广告铺天盖地，华侨华人聚居区的主要商业街道挂满了灯笼和彩幅，华人社团会举行灯笼展、舞龙舞狮、民族服装游行、载有"嫦娥""七仙女"的花车表演等活动庆祝佳节。

韩国：中秋在韩国是一个大节日，韩国人也称中秋节为"秋夕"或"感恩节"，这天，亲戚朋友之间会互赠礼品庆祝节日，人们也会趁着佳节回乡探亲，与家人团聚，韩国人在中秋节会吃松片。另外，中秋前后，各大百货公司也会推出各种促销活动，以吸引民众购物互相赠送。

五、海上升明月　天涯共此时——诗话中秋

有人说，我们的文学有一半是月光文学。中秋节是月亮的节日，是团圆的节日。古往今来，人们常用月亮的阴晴圆缺来象征人的悲欢离合，离家在外的游子也是托明月以寄乡思。中国人对月亮有着一种特殊的偏爱，这种偏爱逐渐积淀成了一种精神——月文化，我们不仅可以在中秋的拜月、赏月风俗中体验到月文化，更可以在古典诗词中感受到它的博大与深邃。

月下独酌

　　（唐）李白

花间一壶酒，独酌无相亲。

举杯邀明月，对影成三人。

月既不解饮，影徒随我身。

暂伴月将影，行乐须及春。

我歌月徘徊，我舞影零乱。

醒时同交欢，醉后各分散。

永结无情游，相期邈云汉。

李白是唐代伟大的浪漫主义诗人，他的诗雄奇奔放，想象大胆，语言自然清新。这首诗描绘出诗人在月夜花下独酌，世无知音、孤独寂寞的情境。诗人运用丰富而奇特的想象，将天上的明月、地上的身影这些无情之物加以"拟人化"，使它们都成为能够陪伴诗人的知音。但是月不解饮，影徒随身，最后诗人仍是归于孤独。当诗人醒时，它们能与之同饮，当诗人醉时，它们各自分散，只能暂时与诗人为伴。即使如此，诗人还是愿意与它们相约结伴同游仙境。全诗表现了诗人怀才不遇的寂寞与孤傲，也表现了他放浪形骸、狂傲不羁的性格

特征。

八月十五夜月

（唐）杜甫

满月飞明镜，归心折大刀。

转蓬行地远，攀桂仰天高。

水路疑霜雪，林栖见羽毛。

此时瞻白兔，直欲数秋毫。

月夜忆舍弟

（唐）杜甫

戍鼓断人行，秋边一雁声。

露从今夜白，月是故乡明。

有弟皆分散，无家问死生。

寄书长不达，况乃未休兵。

杜甫作为唐代伟大的现实主义诗人，其诗以博大精深的思想，真挚深切的感情，沉郁顿挫的风格赢得了"诗史"的美誉。《八月十五夜月》是诗人在蜀中避乱时所作。诗的前两联睹月兴叹，以象征合家团圆的八月十五圆月反衬自己漂泊异乡的愁思，后两联写中秋夜色，"见羽毛""数秋毫"写出了满月的明亮，立意新奇，别具一格。《月夜忆舍弟》写的是弟弟因逃避战乱而离散，音讯皆无，不知何日才能回家团聚，深深的怀念之情溢于诗中。

八月十五日夜湓亭望月

（唐）白居易

昔年八月十五夜，曲江池畔杏园边。

今年八月十五夜，湓浦沙头水馆前。

西北望乡何处是，东南见月几回圆。

昨风一吹无人会，今夜清光似往年。

这首诗作于诗人远放江州之际，以昔年与今年的八月十五之夜不同场景之间的变换，从时间的转换到空间的转换，表现了物是人非的情感。昔日的乐游与今日的苦叹形成了

鲜明的对照，表达了诗人谪居后内心的苦闷
与抑郁。

嫦娥

（唐）李商隐

云母屏风烛影深，长河渐落晓星沉。

嫦娥应悔偷灵药，碧海青天夜夜心。

霜月

（唐）李商隐

初闻征雁已无蝉，百尺楼高水接天。

青女素娥俱耐冷，月中霜里斗婵娟。

李商隐是唐代的杰出诗人，他因受牛僧儒、李德欲党争影响，受人排挤，怀才不遇，潦倒终生。《嫦娥》和《霜月》是他的两首中秋咏月诗，第一首通过描写嫦娥的孤独凄苦的处境衬托了诗人的凄凉心境。第二首写青女素娥与月中婵娟在深夜比赛谁更耐冷的情景，同样表达了诗人凄苦惆怅的情怀。

望月怀远

（唐）张九龄

海上升明月，天涯共此时。

情人怨遥夜，竟夕起相思。

灭烛怜光满，披衣觉露滋。

不堪盈手赠，还寝梦佳期。

这是一首借月光表达相思的诗。"海上升明月，天涯共此时"两句抓住了明月普照天下的特点，把望月和怀远巧妙地融合在一起，意境雄浑壮阔，是千古佳句。三四句以"怨"为中心，"情人"与"相思"，"遥夜"与"竟夕"相呼应，表达了对月相思，久不能寐的情感，于是披衣而出，遥望明月，寒冷的露珠沾湿了衣衫，想念而不得见，也只有在梦中才能相会吧！全诗感情真挚，构思巧妙，描写细腻，令人回味无穷。

十五夜望月

（唐）王建

中庭地白树栖鸦，冷露无声湿桂花。

今夜月明人尽望，不知秋思落谁家。

在唐代咏中秋的诗作中，这是较为著名的一首。诗人在深夜独自遥望夜空，清冷的月光挥洒下来，阵阵寒意袭来，作者不禁联想到，遥远的广寒宫中，寒冷的露水一定也打湿了桂花树吧？诗人由家人的不得相聚想到月宫的广寒，想象丰富，意境凄美，将相思之情表达得委婉动人。

中秋见月和子由

（宋）苏轼

明月未出群山高，瑞光千丈生白毫。

一杯未尽银阙涌，乱云脱坏如崩涛。

谁为天公洗眸子，应费明河千斛水。

遂令冷看世间人，照我湛然心不起。

西南火星如弹丸，角尾奕奕苍龙蟠。

今宵注眼看不见，更许萤火争清寒。

何人舣舟临古汴，千灯夜作鱼龙变。

曲折无心逐浪花，低昂赴节随歌板。

青荧灭没转山前，浪飐风回岂复坚。

明月易低人易散，归来呼酒更重看。

堂前月色愈清好，咽咽寒螀鸣露草。

卷帘推户寂无人，窗下咿哑唯楚老。

南都从事莫羞贫，对月题诗有几人。

明朝人事随日出，恍然一梦瑶台客。

中秋月

（宋）苏轼

暮云收尽溢清寒，银汉无声转玉盘，

此生此夜不长好，明月明年何处看。

111

水调歌头

（宋）苏轼

丙辰中秋，欢饮达旦，大醉，作此篇。兼怀子由。

明月几时有？把酒问青天。

不知天上宫阙，今夕是何年。

我欲乘风归去，又恐琼楼玉宇，高处不胜寒。起舞弄清影，何似在人间！

转朱阁，低绮户，照无眠。

不应有恨，何事长向别时圆？

人有悲欢离合，月有阴晴圆缺，此事古难全。

但愿人长久，千里共婵娟。

以上两首诗和一首词都是苏轼描写中秋景致的作品，其中尤以《水调歌头》为中秋诗词中的佳作。《水调歌头》借写对弟弟的思念之情，表达了作者由超尘思想转向对人间美好生活的向往和追求。本词上片把青天当做了朋友，把酒相问"明月几时有"这两句是改用李白的"青天有月来几时？我欲停杯一问之"。此问既可以理解为作者在追问明月、追问宇宙的起源，又可以理解为是在感叹造化的精妙，两种意思都表达了作者对明月的羡慕与向往。接下来作者说"不知天上宫阙，今夕是何年"，向往之情进一步加深，作者急切地想上去看一看，所以"欲乘风归去"，但是又怕天上的琼楼玉宇太高，自己禁不住寒冷。这几句明写月宫的高寒，实则暗示月光的皎洁，把自己向往上天又留恋人间的复杂心态含蓄地表达出来。李白的《月下独酌》中说："我歌月徘徊，我舞影零乱。"这里苏轼把其幻化为"起舞弄清影，何似在人间"！与其飞往高寒的天上，还不如在人间翩翩起舞。作者从对上天的向往到怕高寒的矛盾心态，再到在人间起舞的满足，行文转折跌宕，感情波澜起伏。下片由圆月联想到人间的不能团聚，月光转过朱红的楼阁，低低地穿过雕花的门窗，照着因相思而不能入睡的人。作者由此再次反问：月亮啊，你不是有什么怨恨吧，为什么偏偏在人们离别的时候你却分外圆呢？作者随即给出了自己的答案："人有悲欢离合，月有阴晴圆缺，此事古难全。"人的悲欢离合和月的阴晴圆缺都是自古就有的平常事，世间并没有那么多的十全十美，作者从大自然之中得到了解脱与慰藉。作者在最后送出了自己的祝愿"但愿人长久，千里共婵娟"。此句用典，出自南朝谢庄的《月赋》："隔千里兮共明月。"虽然与亲人天各一方，但是在共沐月光之时，心灵却是相通的。

作者以丰富的想象力与虚实结合的手法，飞越时空界限，忽而人间，忽而仙界，而且借用典故和李白的浪漫主义诗句，更增加了飘飘欲仙的情韵。这首词还把情、景、理三者巧妙融合在一起，在抒情之中描绘景阐述理，启人心智。此词意境豪放阔达，情怀乐观，语言自然，《苕溪渔隐丛话》称："中秋词，自东坡《水调歌头》一出，余词尽废。"此评并不为过。

太常引

（宋）辛弃疾

一轮秋影转金波，飞镜又重磨。

把酒问姮娥：被白发、欺人奈何？

乘风好去，长空万里，直下看山河。

斫去桂婆娑。人道是，清光更多。

这是一首充满浪漫主义奇想的作品，作于淳熙元年（1174 年）中秋夜。本诗开头写皎洁的月光似金波，一轮圆月如飞镜，语言清丽，充满生气。继而由明月想到嫦娥，不禁发问："被白发、欺人奈何？"表面上是写月宫之事，实际上却是写黑暗的现实，语气中又满是痛恨与凄凉。下片诗人笔锋一转，写到"乘风好去，长空万里，直下看山河"。之前的悲愤一扫而空，壮志豪情喷薄而出，接着诗人又突发奇想，想要"斫去桂婆娑。人道是，清光更多"。砍去摇曳婆娑的桂枝，是为了使洁白的月光更多地撒向人间，按照传统意象，"桂婆娑"应是美好的象征，这里诗人却另辟蹊径要把它砍去，因

113

为诗人把遮住月光的桂枝比喻为了献媚求荣欺上瞒下的投降派，所以才要除去桂枝。全诗有起有伏，想象丰富，充分表现了诗人的宽阔胸襟与爱国壮志。

除了以上介绍的几首歌咏中秋的名篇，还有一些写月写中秋的诗词也意境深邃，格调高远，细细品嚼，耐人寻味。

八月十五夜桃源玩月

(唐) 刘禹锡

尘中见月心亦闲，况是清秋仙府间。

凝光悠悠寒露坠，此时立在最高山。

碧虚无云风不起，山上长松山下水。

群动悠然一顾中，天高地平千万里。

少君引我升玉坛，礼空遥请真仙官。

云拼欲下星斗动，天乐一声肌骨寒。

金霞昕昕渐东上，轮敧影促犹频望。

绝景良时难再并，他年此日应惆怅。

八月十五夜玩月

(唐) 刘禹锡

天将今夜月，一遍洗寰瀛。

暑退九霄净，秋澄万景清。

星辰让光彩，风露发晶英。

能变人间世，攸然是玉京。

中秋

(唐) 李朴

皓魄当空宝镜升，云间仙籁寂无声。

平分秋色一轮满，长伴云衢千里明。

狡兔空从弦外落，妖蟆休向眼前生。

灵槎拟约同携手，更待银河彻底清。

天竺寺八月十五日夜桂子

（唐）皮日休

玉颗珊珊下月轮，殿前拾得露华新。

至今不会天中事，应是嫦娥掷与人。

中秋登楼望月

（宋）米芾

目穷淮海满如银，万道虹光育蚌珍。

天上若无修月户，桂枝撑损向西轮。

中秋

（宋）戴石屏

把酒冰壶接胜游，今年喜不负中秋。

故人心似中秋月，肯为狂夫照白头。

一剪梅

（宋）李清照

红藕香残玉簟秋，轻解罗裳，独上兰舟。

云中谁寄锦书来，雁字回时，月满西楼。

花自飘零水自流，一种相思，两处闲愁。

此情无计可消除，才下眉头，却上心头。

除了诗词，和中秋节有关的民谣数量也相当多，这些民谣、谚语通俗易懂，朗朗上口，在民间流传甚广。

童谣

月亮光光，骑马燃香。

东也拜，西也拜。

月婆婆，月奶奶。

保佑我爹做买卖。

不赚多，不赚少，

一天赚仨大元宝。

椅仔姑

请你八月十五来坐土。

土脚起，铰莲花，绣莲子。

莲子烩，姑仔今年你几岁？

三岁三，穿白衫，滚乌边，

穿绣裙，绣荷包。

荷包腰肚围，穿色裤滚青边。

也有花，也有粉，

也有胭脂给你姑仔点口唇。

也有铰刀尺，也有花粉镜，

姑仔神那到，

桮三下水桶来显圣。

中秋拜月歌

月亮亮，吃大饼，大饼勿吃吃小饼。

小饼勿吃吃香秸，吃了饼，风调雨顺。

吃了秸，生活步步高。

拜月娥

月娥姐，月明明，月中有株婆娑树。

婆娑树上挂紫微，紫微星出保子星保夫星。

保男保女接宗支，枝枝叶叶兴旺生好子。

月娥出来免灾星，家中添财又添丁。

全家拜月

八月初一，太平初一，

月到中秋，全家拜月。

宝塔灯，照照天地，花下藕，

藕丝连连，红石榴，

榴开见子，团圆饼。

夫妻同偕到老，合家和睦团圆。

中秋夜

中秋夜，亮光光，家家户户赏月忙。

摆果饼，烧线香，大家一起拜月亮。

分红柿，切蛋黄，赏罢月亮入梦乡。

乘火箭，月宫逛，看看嫦娥和吴刚。

月饼我爱吃

月饼圆又圆，咬一口，香又甜，教我如何不想念。

盼中秋，等月圆，月饼端上我心欢。

不等爷奶慢，不管弟妹玩，
我先把上一块解解馋。

啊！月饼好好吃个遍，管它
肚子愿不愿。

月姐姐

月姐姐，多变化，初一二，
黑麻麻，

初三四，银钩样，初八九，
似龙牙，

十一二，半边瓜，十五银盘
高高挂。

中秋月，净无瑕，圆如镜子
照我家。

打麦场边屋檐下，照着地上小娃娃。

娃娃牵手同玩耍，转个圈儿眼昏花。

一不留神摔地下，连声喊痛叫妈妈。

云里月姐说他傻，引得大家笑哈哈。

月光光

月光光，照谷场，
谷场上，农人忙。
今年稻谷收成好，
家家户户乐陶陶。

月饼

月饼月饼真好吃。
冬过爱吃大月饼。
中秋佳节赏月圆。
冬过自在月饼中。

重阳节

农历九月九日是我国传统节日——重阳节。古人规定九为阳数，"九月九日"之中有两个九，因而称"重九"，也称"重阳"。重阳节的活动丰富多彩，登高是重阳节的第一件大事；插茱萸是重阳节的重要内容，为重阳文化增添了一笔浓彩；菊花被赋予高傲、自强、吉祥、长寿的含义，每逢重阳，人们便会赏菊、饮菊花酒；因"九九"与"久久"谐音，人们认为有长寿之意，因此敬老成为重阳节的重要活动。

一、历代重阳节

农历九月九日是我国传统节日——重阳节。

古人将数字分为阴数和阳数，规定九为阳数。"九月九日"之中有两个"九"，因而称"重九"，也称"重阳"。

三国时，魏文帝曹丕在《九日与钟繇书》中说："岁往月来，忽复九月九日。九为阳数，而日月并应，俗嘉其名，以为宜于长久，故以享宴高会。""日月并应"指日期和月份都是九。

一个节日的形成是有其渊源的：一是百姓的需要；二是具备了一定的社会条件，也就是物质条件。

农谚说："九月九，大撒手。"指一到农历九月九日，农事就完全结束了。这时，地里即使有未收的庄稼也听任人们随便去取了。在这普庆丰收的时节，人们多么希望有个节日欢庆一下，休息一下啊！九月九日之所以能够成为节日，正是为了满足了人们这一发自于内心的要求。

重阳的源头在先秦时期。

《吕氏春秋·季秋纪》里说："(九月)命家宰，农事备收，举五种之要。藏帝籍之收于神仓，祗敬必饬。""是日也，大飨帝，尝牺牲，告备于天子。"

这两段文字是说九月农作物丰收了，人们要祭天帝和祖先，报答天帝和祖先的恩德。

汉朝，人们已经开始过重阳了，但还未定为节日。葛洪在《西京杂记》中说，汉高祖时每逢九月九日，宫中要佩茱萸，食蓬饵，饮菊花酒，以求长寿。

九九与"久久"谐音，因此，从汉朝起，有了重阳之日祈求长寿的风俗。这是受古代采集药物服用、追求长生的影响。

汉朝，重阳这天有大型饮宴活动。这是由先秦时普庆丰收的欢宴发展而来的。

梁朝吴均在《续齐谐记》中说汝南桓景随仙人费长房游学，一天费长房对桓景说："你家中九月九日有灾，赶快回去让家人各作绛囊，盛茱萸系在臂上，登高饮菊花酒，此灾可免。"桓景急忙回到家中，率全家人登上高山待了一天。傍晚，桓景回家时，见家中鸡犬牛羊全都死了。于是，后世人们都在九月九日登高辟邪，逐渐形成了风俗。

登高时，人们要饮菊花酒，还要佩戴茱萸囊。

汉朝，重阳增加了敬老的内容，汉朝皇帝敬老在中国历史上是有名的。

西汉初期，国家刚刚恢复安定，汉高祖就颁布了养老诏令，凡80岁以上的老人均可享受特殊的待遇。汉高祖下诏说凡50岁以上的百姓，若人品好，又能带领大家向善的，便可担任"三老"，尽免徭役，每年十月还赐予酒肉，并与县令一起管理百姓。

到了魏晋时代，重阳登高的风气大盛，有几则文人逸事反映了这种习俗：

陶渊明的外祖父孟嘉，少年时即有才名。后来，孟嘉担任桓温的参军，颇受桓温器重。有一年重阳，桓温在龙山大宴幕僚，请大家饮酒赋诗。正当大家酒酣耳热，诗兴勃发之际，忽然刮起一阵大风，把孟嘉的官帽吹落到地上了。这时，孟嘉正在专心作诗，并未察觉。桓温见状，觉得很好玩，便暗暗命令孙盛作文嘲笑孟嘉，并趁孟嘉净手时偷偷将嘲笑他的文章放在他的座前。孟嘉回来一看，才知道自己闹了大笑话，落帽失礼了。但他并不惊慌，也未失态，而是提起笔来，从容地作了一篇文章来回应座前嘲笑他的文章。由于他才思敏捷，文辞华美，文章写成后，四座皆惊，无不叹服，当天的宴会也得以尽欢而散。这就是"孟嘉落帽"典故的由来。

重阳佳节是菊花盛开的时节，赏菊成了人们喜爱的习俗。在一片萧瑟的秋风中，唯有菊花一枝独秀，象征着中华民族坚毅不拔的精神。孟嘉的外孙陶渊明不但爱菊成癖，而且嗜酒成瘾。一年，重阳到了，陶渊明因家贫无酒，便采了一大把菊花欣赏。这时，忽然有个穿白衣的公差手捧酒坛子前来拜访，原来是江州刺史王弘为了结交陶渊明，特地遣人送酒致意的。陶渊明一见有酒了，不禁大喜过望，马上开坛畅饮一番，过了一个痛快的重阳

节。这就是"白衣送酒"典故的由来。当时，公差都是穿白衣的。

江南地区，每逢重阳节，都会让妇女休息一天，不做家务，称为"息日"。原来，淮南谢家的新媳妇丁氏，因为不堪严酷的婆婆动辄打骂，逼她日夜操劳，于重阳节上吊自杀了。死后托梦说："看在为人媳妇者操劳不辍的分上，请让她们九月九日停止工作，休息一天吧！"当地人盖了一座丁氏祠来纪念她，据说十分灵验。而九月九日妇女休息一天的习俗也就流传下来了。

南北朝时的重阳习俗，除了登高以外，还增加了野宴。重阳这天天高气爽，正适合全家人一起登高饮宴。家宴发展到野宴，这是民风进步的表现。

南朝刘宋开国皇帝刘裕篡晋之前，有一年在彭城过重阳，一时兴起，骑马登上了项羽戏马台。等他即位称帝建立刘宋后，规定每年九月九日为骑马射箭、校阅军队的日子。

从此，骑射成了重阳的一大节目，就连南朝陈末帝陈叔宝都十分喜欢骑射。他在《五言同管记·陆瑜九日观马射诗》中咏道："晴朝丽早霜，秋景照堂皇。干惨风威切，荷雕池望荒。楼高看雁下，叶散觉山凉。歇雾含空翠，新花湿露黄。飞禽接旆影，度日转铍光。连翻北幽绮，驰射西园傍。勒移码瑙色，鞭起珊瑚扬。已同过隙远，更异良弓藏。且观千里汗，仍瞻百步杨。非为从逸赏，方追塞外羌。"诗写得很豪迈，反映了重阳骑射的盛况。

唐玄宗是有名的风流皇帝，文才武略均非等闲。他的骑射本领超人，常在重阳节这天大显身手。为此，还有一段有关他过重阳的传说。

天宝十三年（754年）重阳节这天，唐玄宗和大臣在沙苑打猎。突然，唐玄宗发现一只仙鹤在空中徘徊，便引弓一箭将其射中。不料，这只仙鹤并未掉到地上，而是带着箭飞向西南方了。原来，这只仙鹤是四川青城山成仙道士徐佐卿变的。他回青城山后，把箭留在壁上，对其他道士说："刚才，我到天上走走，不巧被箭射中。这支箭不是凡人的，我把它留在壁上，等这支箭的主人到这里时，你们再还给他，千万不要遗失了。"说完，在壁上留下了得到这支箭的时间：天宝十三年九月九日。不久，安史之乱爆发，唐玄宗于长安陷落前逃往四川，一天到青城山道院观光，发现壁上插着一支箭，拔下来一看，原来是自己用过的，心中十分奇怪，问道士后才知道其中缘故。

这虽是传说，但也反映了唐朝皇帝在九九重阳之日的骑射活动。

唐朝是我国封建社会的黄金时期，国富兵强，物阜民丰，重阳定为节日已经是水到渠成之事了。

唐德宗贞元四年（788年），宰相李泌奏请皇帝批准中和（二月二日）、上巳（三月三日）、重阳（九月九日）这三天为三令节，唐德宗准奏。从此，百官都可以在三令节休假了。于是，唐人过重阳的风气更盛于前朝，家家饮宴，处处欢歌。

唐德宗不但给百官放假，而且还提供活动经费。贞元四年（788年）九月二日，唐德宗下诏说："正月晦日、三月三日、九月九日三节日，宜任文武百僚择地追赏为乐。每节宰相以下及常参官共赐五百贯，翰林学士共赐一百贯，左右神威、神策、龙武等三军共赐一百贯，金吾、英武、威远及诸卫将军共赐一百贯，各省诸道奏事官共赐一百贯，委度支每节前五日，准此数支付，从本年九月九日起给，永为定制。"

"择地追赏为乐"就是让不同部门的官员自己找地方集体去游乐，国家为这种集体游乐活动提供经费，职位越高，得到的经费越多。

重阳定为节日，全国放假，人们都去尽情欢乐。唐诗是唐朝特有的一朵奇葩，光照文坛。在唐朝，赋诗的风气朝野皆同。唐德宗、唐穆宗、唐宣宗都在重阳节这天大宴群臣于曲江池，并命群臣作诗上呈，评定优劣，为佳节助兴。

从那时起，重阳节的习俗活动更是普及全国。在重阳登高的同时，唐德宗还鼓励人民讲武习射，此风一直沿袭到清代。

唐朝大才子王勃的千古名文《滕王阁序》即作于重阳节。当时，王勃的父亲正担任交趾令，王勃万里迢迢前去探望父亲，于九月九日这天路过南昌时，洪州牧阎伯屿正在重修的滕

王阁中宴请宾客及部属。阎伯屿的女婿吴子章颇有文才，阎伯屿想借此机会夸耀一番，便命吴子章事先作好一篇《滕王阁序》，准备在宴会上拿出来冒充即席之作。宾客皆知其意，因此当主人拿出纸笔请大家作序时，人们都客气地推辞了。只有到南海探父路过南昌的王勃因为不知道个中情由，所以毫不客气地接过纸笔就写。阎伯屿十分不悦，便命令小吏见王勃写一句就上报一句。开头几句，阎伯屿摇头说："全无新意。"可是，当王勃的功力逐渐展现时，他也不得不微微点头赞许了。等小吏报到"落霞与孤鹜齐飞，秋水共长天一色"时，阎伯屿再也忍不住了，站起来拍案叫绝："真奇才也！"结果，王勃一朝成名。

唐朝帝王在重阳节这天要登高游宴，要赏菊赋诗，还要骑射，因此，放假一天，时间是不够用的。于是，重阳节就提前到九月八日开始，有时到九月十日仍在过重阳。这样，唐朝重阳节不是一天，而是两天或三天。因此，李白在《九月十日即事》一诗中咏道："昨日登高罢，今朝再举觞。菊花何太苦，遭此两重阳？"

九月九日重阳节，民间认为重九是凶日，人会遇到各种灾难，因此要离家登高避灾，要插茱萸、饮菊花酒驱邪。

宋朝时，过重阳节已经发展为一种高雅的娱乐活动了。风俗习惯的改变，反映了社会的进步。

宋人把茱萸称为辟邪翁，茱萸是一味很好的中草药，可以医风邪，治寒热，去湿气，驱毒虫，并能开郁、宣气、消食。

宋人称菊花为延寿客，极为钟爱。

宋人过重阳节时，从宫廷到民间都要买菊、赏菊、饮菊、簪菊、咏菊，还点菊花灯，吃菊花糕，重阳节简直变成菊花节了。

宋朝重九之日，不仅宫中与富贵之家要赏菊，就是一般平民百姓也要买一两棵菊花赏玩。菊花高洁的品格和傲霜的精神为人们所喜爱，千百年来，人们一直在精心地培育它。到宋朝时，菊花已繁衍到七八十种了。其中最突出的品种有：花色白黄，花蕊像莲房一样的叫万龄菊；粉红色花的叫桃花菊；花瓣白色，花心檀色的叫木香菊；纯白色花，花朵巨大的叫喜容菊；黄而圆的叫金铃菊；又白又大，花心为黄色的叫金盏银台菊。

重阳节这天，汴京城里处处菊花盛开，赏菊活动达到高潮。酒店也用菊花装饰起来，有菊花门、菊花窗等。

重阳节这天，汴京寺庙办有斋会。开宝寺、仁王寺有狮子会，高僧坐在狮子上讲经，成为一种奇观。届时，人们纷纷到寺中听高僧讲经，游人极盛。

九九登高是重阳节的重要习俗，人们带着酒具、食盒到高山上、高阁上、高塔上、城墙上饮酒赋诗，尽兴而归。

宋朝时，京城人多到郊外登高。仓王庙、四里桥、愁台、梁王城、砚台、毛驼冈、独乐冈等处游人如织。人们在这一天宴饮欢聚，酒中泡上菊花，身上佩戴着茱萸。

北宋时，在重阳节这天，京城人要作重阳糕互相赠送，糕上不仅插着彩色小旗，还有各种各样的果实，如石榴子、栗黄、银杏、松子肉之类。有的还用粉做成狮子、蛮王等形状，置于糕上，谓之狮蛮糕。

重阳糕也叫菊糕，南宋时京城人以菊糕互相馈赠，其做法与北宋大致相同，只是用料不同。他们用糖、肉、秫面和在一起做成糕，上面放肉丝、鸭饼，缀以石榴，标以彩旗。有的仍做蛮王、狮子置于其上。

南宋宫中从九月八日起就开始过重阳节，庆祝活动更加铺张。庆瑞殿上摆上万盆菊花，粲然生辉。晚上，还要点起菊花灯，亮如白昼，和元宵节差不多。接着，还举办赏灯之宴。久之，制灯、赏灯的活动渐渐推广到了民间。

逢年过节，人们总不忘祭拜祖先，重阳节也不例外，南宋百姓大都在这天准备好纸钱到郊外的祖坟前去祭拜。

元明两代，重阳习俗并无太大的变化。不过，明朝人过重阳时，父母都将已经出嫁的女儿接回娘家过节，也称重阳节为"女儿节"。

明朝重阳节有"辞青"的习

俗。重阳时节已是深秋，草木黄落，正是观赏红叶的好时节。北京人喜欢在重阳节这天到西山看红叶或洗温泉。来的人大都携带酒菜痛饮终日，一醉方休，称为"辞青"。

明朝洪武十五年（1382年）重阳节，朱元璋重游皇觉寺。这时，皇觉寺已经重修了，修得巍峨壮丽，金碧辉煌。朱元璋在皇觉寺过节，甚感欣慰，不禁回忆起当初从皇觉寺起家的艰苦历程：当年，在濠州皇觉寺里，朱元璋是一个挑水做粗活的小和尚。佛性大师见他聪明伶俐，却没有禅心，便教他读史书。由于天下大乱，灾荒频发，寺内没有足够的粥给众僧喝，朱元璋只好云游四方，开始了长达四年的讨饭生活。他几次饿昏在地，被人救起。后来，他参加了红巾军，屡立战功，威望越来越高，许多仁人志士都投到他的旗下。朱元璋在谋士刘伯温的协助下削平群雄，登基做了皇帝，建立了大明王朝。朱元璋恢复乡试，唯才是举，减免赋税，惩治贪官，微服私访，为民申冤，躬耕于田亩，鼓励农业生产，一时被百姓歌颂为朱青天。朱元璋做了三十一年皇帝，每年重阳节都能与民同乐。

明代，江南过重阳时，有人牵羊赌彩，赢者会得到肥羊。重阳节的活动内容大大增加了，有歌舞、划船、骑射、饮酒、呼卢、蹴鞠等。申时行在《吴山行》里吟唱道："九月九日风色嘉，吴山胜事俗相夸。阖闾城中十万户，争门出郭纷如麻。拍手齐歌太平曲，满头争插茱萸花。横塘迤逦通茶磨，石湖荡漾绕楞枷。兰桡桂楫千艘集，绮席瑶尊百味赊。玉勒联翩过羽骑，青帝络绎过香车。万钱决赌争肥羜，百步超骧逐帝。落帽遗簪拼酩酊，呼卢蹋鞠恣喧哗。只知湖上秋光好，谁道风前日易斜。隔浦晴沙归雁鹜，沿溪晓市出鱼虾。荧煌灯火阗归路，杂逻笙歌引去槎。此日遨游真放浪，此时身世总繁华。"

明朝时，一些富贵人家在重阳节要买进数百盆菊花，巧妙地层层堆叠成菊山或菊塔，十分壮丽。

清朝时，北京城里最高点是景山之巅。但在明朝，景山并不是最高的，明朝皇城内最高的山是兔儿山。兔儿山高约五十丈，相当于三个景山那么高。兔儿山在西安门内府右街图样山胡同附近，在明朝属西苑。兔儿山上的高台称旋磨台，俗名转马台。明嘉靖十三年(1534年)，在兔儿山顶建了一座清虚殿。站在兔儿山上俯瞰，整个北京城尽收眼底。兔儿山的北边还有一组大光明殿等宫殿建筑，既能赏景，又便于休息。因此，兔儿山成为明朝皇帝重阳节登高必选之处。每到重阳节，宫监内臣都要换上菊花补服，吃菊花酒。明天启五年(1625年)重阳节，明熹宗朱由校携带宫眷来兔儿山登高。钟鼓司邱印为皇帝表演节目，演的是洛阳桥记。崇祯末年，崇祯皇帝重阳登高时赋诗道："重阳旋磨台，共进菊花杯。"兔儿山在重阳节是皇帝登高的地方，平时则由一些宫监和道士把守着。

清朝，兔儿山逐渐被废弃了。兔儿山上的奇石有的被搬走，有的被皇帝赏给大臣了。后来，宫苑缩小，兔儿山被铲平了。

清朝时，皇帝在重阳节这天要去万岁山登高。皇城里有两座万岁山：一座是景山，另一座是北海公园的琼华岛。

景山最早形成于辽代，那时只是一座土山。元朝至元四年(1267年)，在金中都以北兴建大都城时，景山被囊括在元朝皇城的御苑之内，成为皇宫的一部分。明永乐年间修建紫禁城时，景山位于紫禁城之北，取名"万岁山"。因为万岁山正好在京城的中轴线上，又是皇宫北边的屏障，所以风水先生称其为"镇山"，意为"镇压元代王气"。明朝修建皇宫时，曾在这里堆过煤炭，以备急用，于是民间多称万岁山为"煤山"。清顺治十二年(1655年)，"万岁山"才改名"景山"。当时，景山上遍植元、明、清各朝从全国各地搜罗来的奇树，山下种植果树，因而景山也曾叫过百果园。百果园内饲养过豹、鹿、鹤等动物，成了名副其实的动植物园。随着兔儿山被削平，万岁山成为当时北京城的最高点，站在山顶可以俯瞰全城。

琼华岛在元朝至元八年（1271年）改称万寿山，又称万岁山。

琼华岛在太液池南部，比景山矮了三丈多，是按神话仙境"海上蓬莱"设计的。琼华岛始建于辽代，辽灭亡后，金又在辽的基础上于大定十九年(1179年)建成规模宏伟的太宁宫，太宁宫沿袭我国皇家园林"一池三山"的规制。为了修琼华岛，金朝皇帝千里迢迢将北宋汴梁艮岳中的太湖石移置岛上，形成了岛上怪石剔透、奇峰嵯峨的独特景观。元朝至元四年(1267年)，元世祖忽必烈以太宁宫琼华岛为中心营建大都，琼华岛及其所在的湖泊被划入皇城，赐名万寿山、太液池。明朝正式迁都北京后，万寿山、太液池成为紫禁城的西苑。明朝又向南开拓水面，形成三海的格局。清朝承袭明朝，西苑依旧。清顺治八年(1651年)时，顺治皇帝在琼华岛山巅建了一座白塔，因此琼华岛又被人们称为白塔山了。这里景色美，离皇宫又近。重阳节这天，清朝皇帝大多愿意在琼华岛登高。

乾隆皇帝一般在承德避暑山庄行宫过重阳节，举行登高、赏菊和放风筝等活动。在重阳节这天，乾隆皇帝还要举行节日宴会。这种宴会有时还有政治意义，如乾隆三十六年（1771年），蒙古厄鲁特部首领渥巴锡等于九月九日重阳节到避暑山庄觐见乾隆皇帝，为加强满蒙关系，乾隆皇帝在避暑山庄万树园为渥巴锡一行举行了隆重的欢迎宴会。乾隆皇帝见四海一统，心中欣喜，即席赋诗道："重阳宜宴赏，况有远来人。"郎世宁所画巨幅横轴《万树园赐宴图》，即反映了这次大宴的盛况。

清末，每年重阳节，慈禧太后于北海以东的桃花山登高野餐，架起蓝布围障吃烤肉，防止别人偷看。故宫御花园里也有登高处，在神武门内，这里距内宫最近。

明清两代，皇帝在重阳节这天都要登高。上行下效，于是民间百姓也争着在这天登高。每逢重阳佳节，好多人便带上酒具、茶具到报国寺的高阁上饮宴作乐。当年，报国寺内有高阁巍然耸立，站在高阁上可以望见卢沟桥上过往的车马。

明清时，北京地区登高极为盛行。《燕京岁时记》里说："京师谓重阳为九月九。每届九月九日则都人提壶携榼，出都登高。南则天宁寺、陶然亭、龙爪槐等处，北则蓟门烟树、清净化域等处，远则西山八大处。赋诗饮酒，烤肉分糕，泃一时之快事也。"

不论文人百姓，贵族平民，都喜欢登高后在山上野餐。有些富贵人家还带上幕帐、烤具、车马、乐器，登高后架起幕帐，摆上桌椅，大吃烤羊肉或涮羊肉，一边吃一边听歌看舞。

清代，北城居民多去真觉寺的金刚宝座塔登高。坐落在白石桥以东长河(高粱河)北岸的真觉寺内，有一座金刚宝座塔，前临长河，背依西山，寺内宽敞。金刚宝座塔在高台上巍然耸立，寺外河水清清，高柳临风，长堤似带，宛如人间仙境。因此，这里成了游人重阳登高的好去处。

真觉寺内的金刚宝座塔是世间罕见的佛塔。自我国建造佛塔以来，金刚宝座塔仅建有十余座。真觉寺金刚宝座塔是目前全国现存的六座同类型金刚宝座塔中最为古老、雕刻最为精美的一座，堪称明朝建筑和雕刻艺术的代表。

西城和南城居民多到西便门天宁寺塔登高。天宁寺里的僧人在寺内种了一大片菊花，游人在此登高赏菊，十分惬意。清人李静山在《增补都门杂咏》中咏道："天宁寺里好楼台，每到深秋菊又开。赢得倾城车马动，看花犹带玉人来。"

东城和南城的居民在重阳节这天，有的登上高塔，有的登上城楼，一个个玩得十分尽兴。

重阳节这天，北京游人最多的地方是玉渊潭的钓鱼台。在重阳节这天，钓鱼台里的养源斋一带分外热闹，集中了不少登高之客。大家不仅登上巍峨的钓鱼台，还在钓鱼台西面、南面和会城门一带举行跑马会和赛车会。

民国时期，为了尚武强国，曾在重阳节提倡登高习武，并定九月九日为体育节。

二、重阳节的习俗

（一）登高

登高是重阳节的第一件大事。古人登高是为了避难，源于汉朝桓景率家人躲避汝河中的瘟魔。因汝河在低处，躲避汝河中的瘟魔当然要到高处去了。

当年桓景登高的地方，现已成为著名古迹。其地在蔡国（今河南蔡县一带）故城西面的一处高台上，高97米，现在叫芦岗。经过历史长河的冲刷，现在的山冈只留下一个高60多米的小山头了。芦岗上的望河楼即当年桓景登高的地方。

后人模仿桓景登高避难，渐渐形成了重阳登高的民族习俗，取逢凶化吉之意。

有些地方受地形地貌的影响，无高可登，人们便登上高阁、高塔、高楼或城墙，如江西南昌人登滕王阁，北京人登金刚宝座塔，上海人登摩天楼，河北平原人登城墙。

有的人十分聪明，别出心裁，以吃重阳糕代替登高，因"糕"与"高"同音，还在重阳糕上插纸旗代替插茱萸，其用意仍在避祸免灾。

最初，人们在登高时，只是佩戴茱萸，饮菊花酒，目的是为了驱灾辟邪。久之，登高成了人们的娱乐活动，活动的内容越来越多：赏菊、吃重阳糕、放风筝、骑射、吃烤乳猪、扫墓、敬老。这一切反映了社会的发展和人类文明的进步。

（二）插茱萸

茱萸又名"越椒"、"艾子"，是一种常绿带香的植物，有杀虫消毒、驱寒祛风的功效。

茱萸雅号"辟邪翁"，因此人们在过重阳节时，都喜欢采集和佩戴这种植物。

茱萸有吴茱萸、山茱萸和食茱萸之分，都是著名的中药。按中国古人的习惯，在九月九日重阳节登高时，臂上要佩戴插着茱萸的布袋，称"茱萸囊"。

茱萸都可以入药，但以吴茱萸功效最佳。吴茱萸树高一丈余，叶子又阔又厚，春天开白花，秋天结紫黑色的果实。茱萸的果实可以入药，有温中、止痛、理气等功效。茱萸叶还可治霍乱，根可以杀虫，佩戴茱萸可以防蚊虫叮咬。

茱萸是一味中药，《中国药学大辞典》解释说本品南北皆可入药，以吴地所产最佳，称吴茱萸。吴地指江浙一带。

晋代葛洪《西京杂记》中说重阳佩戴茱萸的习俗在唐朝已很盛行，人们认为在重阳节这天佩戴茱萸可以辟邪消灾：或佩戴于手臂之上，或把茱萸插在香袋里面佩戴，还有插在头上的。大多是妇女、儿童佩戴，有些地方男子也佩戴。重阳节佩戴茱萸，历代盛行。宋朝，还有将彩缯剪成茱萸来相赠佩戴的。清代，北京过重阳节时有将茱萸枝叶插在门窗上的，用于解除凶秽，以招吉祥。

在重阳节前的一段时间内，秋雨连绵，天气潮湿，秋热尚未退尽，衣物容易发霉。因为这段时间正是桂花盛开之时，所以民间称之为"桂花蒸"。这时必须防虫，而茱萸有微毒，有除虫作用，佩戴茱萸香囊正好可以除虫。在重阳节这天，采摘茱萸的枝叶，连同果实盛在用红布缝成的小囊里，佩戴在身上，是古人用以防疫的普通中药，古人认为可以除邪恶之气。

吴茱萸别名曲药子、伏辣子、茶辣，高2—8米，生于温暖地带的山地、路旁或疏林下。吴茱萸花为单性异株，密集成顶生的圆锥花序。果实紫红色，有粗大腺点，每粒果实含种子1粒。花期在6—8月，果期在9—10月。

山茱萸别名肉枣、药枣、山萸肉等，生于山沟、溪旁或较湿润的山坡。山茱萸花呈黄色，四瓣，卵形；花盘环状，肉质。核果椭圆形，成熟时呈红色。花期在5—6月，果期在8—10月。

食茱萸别名红刺葱、大叶刺葱、越椒、鸟不踏等，分布于中低海拔山区到平地，常见于开阔地与次生林中，现在主要分布于

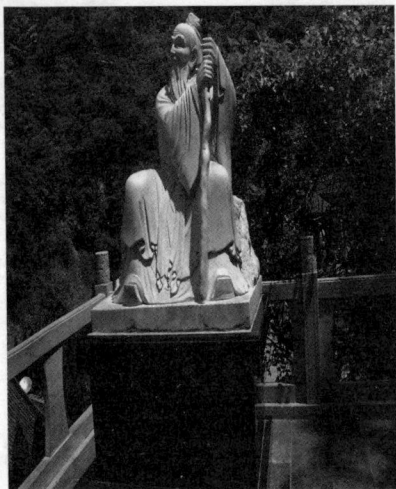

我国台湾地区。食茱萸的枝干上有尖刺，鸟儿不敢在上面栖息，因此有"鸟不踏"之称。食茱萸春季开花，圆锥花序，黄白色，是重要的蜜源植物。开花时常吸引许多蝴蝶、蜂类、甲虫等前来吸食花蜜，形成"蝴蝶树"的奇观。果实于秋季成熟，球形，直径0.5厘米。在辣椒传入前，食茱萸是川菜辣味香料的主要来源之一，称"艾子"。明朝中叶时，食茱萸已成为四川食物中广泛使用的调味品。《本草纲目》里说食茱萸味辛而苦，四川湖北一带的人于农历八月采其果实捣滤取汁，搅成艾油调味用，也称辣米油。

在中国历史上，茱萸曾是十分重要的辛香角色，清代以后随着辣椒的传入，茱萸逐渐退出辛香料的历史舞台。

插茱萸是我国重阳佳节的重要内容，为重阳文化添了一笔浓彩。

（三）赏菊

菊花雅号"延寿客"，因此重阳节时人们都喜欢佩戴菊花。

菊花是中国十大名花之一，在中国已有三千多年的栽培历史了。约在明末清初之际，中国菊花传入欧洲，走向世界。

中国人极爱菊花，从宋朝起，民间就有一年一度的菊花盛会。菊花开在深秋，不畏秋寒，深受我们祖先的喜欢。菊花被赋予了高傲、自强、吉祥、长寿的含义。每到重阳佳节，人们都要登高赏菊。菊花历来被视为廉洁、高雅的象征，代表着中华民族的高尚品德。

中国历代诗人和画家以菊花为题材吟诗作画者极多，因而历代歌颂菊花的大量文学艺术作品给我们留下了许多精神财富，并流传久远。

菊花经过长期人工精选和培育，已经成为名贵的观赏花卉，品种多达千余种。

因菊花开于晚秋，争奇斗艳，并具有浓香，故有"晚艳"、"冷香"之称。

菊花属头状花序，顶生或腋生，一朵或数朵簇拥在一起。舌状花为雌花，筒状花为两性花。

雌菊花色彩丰富，有红、黄、白、墨、紫、绿、橙、粉、棕、雪青、淡绿等色；筒状花有红、黄、白、紫、绿、粉红、复色、间色等色，十分壮观。

菊花花序大小和形状各有不同：有单瓣和重瓣，有扁形和球形，有长絮和短絮，有平絮和卷絮，有空心和实心，有挺直的和下垂的。式样繁多，品种复杂。

根据花期迟早，菊花分为早菊花和晚菊花。早菊花十月至十一月开放，晚菊花十一月至来年元月开放。此外，还有五月菊、七月菊、八月菊等。

菊花是我国传统名花，有悠久的栽培历史。菊花不仅供观赏，布置园林，美化环境，而且用途广泛，可以吃，可以酿酒，可以饮用，可以入药，与人民群众的生活密切相关。

菊花有其独特的观赏价值，人们欣赏它那千姿百态的花朵、姹紫嫣红的色彩、清隽高雅的神韵、沁人心脾的香气。尤其在百花纷纷枯萎的秋冬季节，菊花傲霜怒放，陪伴辛苦了一年的农夫，甚为可贵。它不畏寒霜欺凌的气节，也正是中华民族不屈不挠精神的体现。因此，菊花成为我国十大名花之一，受到广大人民群众的喜爱。

三国时，曹操的儿子魏文帝曹丕曾经给他的好朋友钟繇写了一封谈菊花的信，信上说派人送给你一束菊花，因为在秋天万木凋谢的时节，只有菊花绚丽多姿，苗壮地生长，可见它有天地的正气，是人们可用来延年益寿的好东西，因此送给你，供你研究长生的道理。

晋代名医陶弘景赞成人们吃菊花，并说真菊花味甜，假菊花味苦。

诗人陶渊明在诗中常提到服菊，即吃菊花，并有"酒能祛百病，菊解制颓龄"的说法。

我们祖先喜爱菊，不但观赏菊花，也认识到菊花的药用价值和食用价值了。

关于菊花的故事，在我国民间流传很多。早在两千多年前，汉朝应劭在《风俗通义》里说河南南阳郦县（今内乡县）有个叫甘谷的村子，村后山上长着许多菊花，一股山泉从山上菊花丛中流过，花瓣散落水中，水中含有菊花的清香，十分甜美。村上三十多户人家都饮

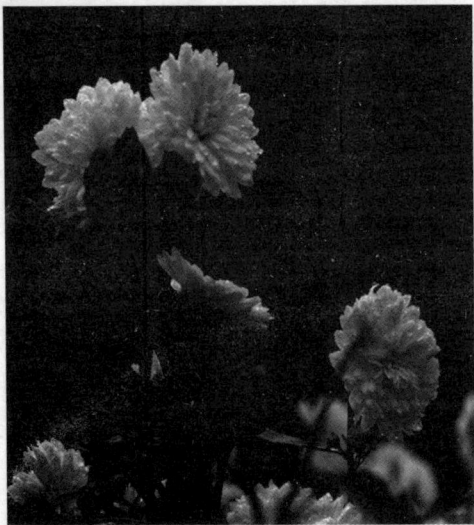

用这眼泉水，一般都能活到一百三十岁左右，最低的也有八九十岁。

汉武帝时，为了长寿，宫中每到重阳节都要饮菊花酒。

菊花主要产于浙江、安徽、河南、四川等地。浙江桐乡的杭白菊和黄山脚下的黄山贡菊最为有名。产于安徽亳州的亳菊、滁州的滁菊、四川中江的川菊、浙江德清的德菊、河南济源的怀菊都有很高的药效。

菊花品种繁多，头状花序都可以入药，味甘苦，微寒，能散风，能清热解毒。

黄山贡菊是从菊花群体中选育出的优良品种，原产于歙县金竹岭一带，历来被当做一味重要的中药材。

清光绪年间，北京流行红眼病，光绪皇帝降旨遍求名医良药，黄山知府献上大量黄山菊花干。北京人泡服菊花干后，红眼病立即痊愈了。从此，徽菊名气大振，被称为"贡菊"。

中国开封菊花花会始办于1983年，每年举行一次，名扬海内外，有着深厚的文化底蕴，推动了我国精神文明建设和物质文明建设。

开封菊花种植有其深远的历史渊源，远在唐朝就初具规模了。唐朝诗人刘禹锡在诗中描写开封菊花说："家家菊尽黄，梁园独如霜。"北宋时，开封菊花闻名遐迩。每逢重阳佳节，不仅民间有花市和赛菊活动，而且宫内要插菊花，挂菊花灯，饮菊花酒，甚至还开菊花花会。

明清时，开封养菊、赏菊之风依然很盛。清朝乾隆皇帝南巡时，特地绕道到开封禹王台赏菊，还留下了"枫叶梧青落，霜花菊白堆"的著名诗句，被刻在禹王台的乾隆御碑上。

随着人民物质、文化生活水平的不断提高，开封人民酷爱菊花的传统习俗更浓了。1983年，开封市第七届人大常委会第17次会议决定把菊花命名为开封市"市花"，每年10月18日至11月18日为"菊花花会"的会期。

在历届全国菊花品种展赛中，开封参赛菊花艳压群芳，取得了四连冠的好成绩。而1999年在昆明举办的世界园艺博览会菊花专项大赛中，开封参赛菊花夺得了大奖总数第一、金奖总数第一、奖牌总数第一，形成了"开封菊花甲天下，开封菊花走天下"的局面，为重阳文化增光添彩，愉悦了千家万户。

（四）饮菊花酒

每逢重阳佳节，我国人民就有饮菊花酒的传统习俗。菊花酒在古代被看做是重阳必饮、祛灾祈福的吉祥酒。我国酿制菊花酒，早在汉魏时期即已盛行。东晋葛洪《西京杂记》里说："菊花舒时，并采茎叶，杂黍米酿之，至来年九月九日始熟就饮焉，故谓之菊花酒。"

《西京杂记》还说汉高祖时，宫中"九月九日佩茱萸，食蓬饵，饮菊花酒，云令人长寿"。

南朝《续齐谐记》里说："九月九日……饮菊酒，祸可消。"

到了明清时，菊花酒中又加入多种草药，药效更好了。制作时用干菊花煎汁，加曲、米酿酒，再加地黄、当归、枸杞诸药。

菊花酒疏风除热，养肝明目，消炎解毒，具有较高的药用价值。明朝医学家李时珍说菊花能"治头风，明耳目，去痿痹，治百病"。

古时的菊花酒是头年重阳节时专为第二年重阳节酿制的。九月九日这天，采下初开的菊花和一些青翠的枝叶，掺入准备酿酒的粮食中，然后加曲酿酒，于第二年九月九日饮用。

重阳佳节时，天气凉爽，菊花盛开，片片金黄。亲友们三五相邀，同饮菊花酒，共赏菊花，别有一番情趣，令人心旷神怡。尤其是读书人，饮酒赏菊，吟诗唱和，给后世留下不少佳句名篇。

由于重阳节要饮菊花酒，重阳节也成了祭祀酒神的酒神节。山东民俗于重阳节这天，酒坊要祭缸神，这缸神即酒神杜康。在

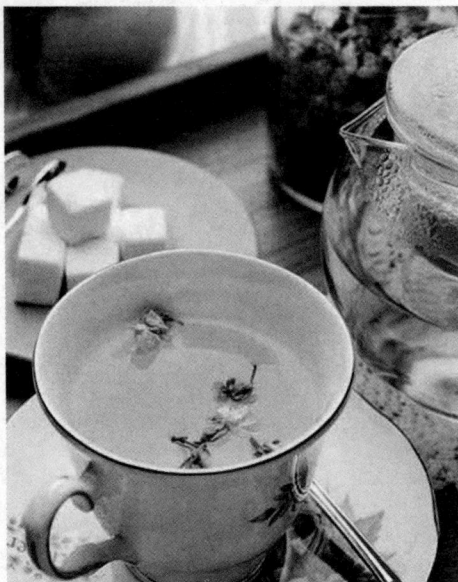

贵州仁怀县茅台镇，每年重阳节开始投料下曲酿酒，传说九九重阳，阳气旺盛，能酿出好酒来。这时，老板在贴有"杜康先师之神位"的地方点起香烛，摆上供品，恭恭敬敬地祈求酿酒顺利。

菊花为常用中药，能疏风清热、平肝明目，其主要成分为挥发油、黄酮类及氨基酸、微量元素等，由于产地及加工方法不同，又分为杭菊、亳菊、祁菊、贡菊、滁菊、怀菊、济菊、黄菊八大类。陶渊明在诗里说："往燕无遗影，来雁有余声。酒能祛百病，菊解制颓龄。"菊花酒确实有祛病延年的作用，传说重阳节饮菊花酒还能辟邪祛灾。

社会在前进，人类也在不断地进步，菊花酒的制作方法也翻新了。现在，人们将干菊花去蒂后洗净晾干，泡于低度粮食酒中，一两天后就可以饮用菊花酒了。常饮菊花酒可以活血行气、抗御衰老、延年益寿；如果再向酒中加地黄、当归、枸杞，对头晕目眩、疲劳多梦有很好的疗效。

因此，菊花酒古称"长寿酒"。

重阳佳节是秋收季节，辛苦了一年的农民往往积劳成疾，如能饮上菊花酒，对身体是相当有好处的。因此，劳动人民大量制作菊花酒，发明了不少配方：

配方一：甘菊花一斤，生地黄六两，枸杞子、当归各二两，糯米六斤，酒曲适量。将前四味水煎二次，取浓汁五斤备用。再将糯米用药汁一斤浸湿，沥干，蒸饭，待凉后与酒曲、药汁拌匀，装入瓦坛中发酵，味甜后，去渣即成菊花酒了。此酒能养肝明目，滋阴清热，主治肝肾不足引起的头痛、头晕、目眩、耳鸣、腰膝酸软、手足震颤等症。此方引自《药酒汇编》。

配方二：菊花、生地黄、枸杞根各五斤，糯米七十斤，酒曲适量。前三味加水一百斤煮至减半，备用。糯米浸泡，沥干，蒸饭，待温后同酒曲、药汁一同拌匀，倒入菊花酒瓮密封，熟后澄清备用。此酒能壮筋骨，补精髓，清虚热，延年益寿。此方引自《太平圣惠方》。

配方三：菊花、杜仲各一斤，防风、附子、黄芪、干姜、桂心、当归、石斛各四两，紫英石、肉苁蓉各五两，草薢、独活、钟乳粉各八两，茯苓三两，以酒七斗浸五日即可饮用。此酒主治体虚寒冷，腰背疼痛，食少羸瘦，能去风冷，补不足。此方引自《奇效良方》。

民间菊花酒配方：

配方一：将甘菊花、当归、生地黄、枸杞放入锅中，加水煎汁，用纱布过滤待用。将大米煮半熟沥干，和药汁拌匀蒸熟，再拌适量酒曲，装入瓦坛中，四周用棉花或稻草保温发酵，直到味甜即成菊花酒了。每日二次，每次三汤匙，用开水冲服。此酒可补精气不足，能明目安神，润肺生津，养神益智，令人长寿。

配方二：用枸杞子一斤、甘菊花四钱、麦冬二两、酒曲五两、糯米十五斤酿制菊花酒，能补肾益精，养肝明目，主治虚劳消瘦，腰脊疼痛，足膝酸软，头晕目眩，视物模糊，迎风流泪，肺燥咳嗽。

配方三：用鲜菊花一两二钱捣成汁，用黄酒一两冲服，每日二次，一次一剂，能清热解毒，活血止痛。

菊花酒不但能为重阳佳节助兴，还能为辛苦一年的农夫疗疾，因此深受人们的喜爱。

（五）吃重阳糕

重阳糕也称"花糕"，南北朝时就已经有了。这是重阳节的必备食品，流行于全国大部分地区，因在重阳节食用而得名。

重阳糕多用米粉、果料等作原料，制法因地而异，主要有烙、蒸两种，现在仍在流行。制作时，以米粉、豆粉等为原料，发酵制作而成。制作时还要加糖，点缀枣、栗、杏仁等果馕。因为"糕"与"高"同音，重阳登高吃糕，有"步步高"的寓意。

一说：重阳节这天之所以登高，本是为了避祸免灾，但有些地方是

平原，没有山，又无高可登，便以吃糕代替登高，因为"糕"与"高"同音。同时，人们还在糕上插纸旗代替插茱萸，用意仍是避祸免灾。

汉朝时，宫中已有九月九日吃蓬饵的风俗。据《周礼》所载，饵用于祭祀，或在宴会上食用，类似于今天的糕。"蓬"即蓬子，蒿类植物；"饵"即富于黏性的食品。蓬饵就是用蓬子掺和米粉做成的糕。汉高祖刘邦时，宫中于九月九日吃蓬饵，可见这种习俗在秦汉时期就已经有了。其实，重阳糕的源头就是秦汉时期的"蓬饵"。

宋朝时，吃重阳糕之风大盛。糕与高谐音，吃糕是为了取步步高的吉祥之意，因而大受人们的青睐。

古书上有好多重阳吃糕的逸事：

唐朝时，袁师德有一次重阳节到朋友家做客，主人请他吃糕时，他推辞不吃。后来，人家才知道他的父亲叫袁高，因为"糕"与"高"同音，犯了忌讳，所以他不肯吃糕。

唐朝大诗人刘禹锡曾于重阳节作《九日诗》，因为《五经》中未用过"糕"字，所以他不敢在诗中用"糕"字。到了宋朝，大诗人宋祁嘲笑他说："刘郎不敢题'糕'字，空负诗中一世豪。"因为刘禹锡在做诗时不敢用"糕"字，以致重阳节又多了一个典故，即"题糕"。

从上面这两件事可以看出唐朝吃重阳糕的风气是颇盛的。

到了宋朝，重阳糕的花样逐渐增加。民间重阳节作糕，有人在每块糕上装饰几只粉制小鹿，名曰"食禄糕"，这是取"禄"、"鹿"同音的口彩。

宫中重阳节祭祖时，要在糕上作几只小粉象，称为"万象糕"，取太平有象之意。

民间在重阳节这天天将亮时，将一片糕搭在小孩的额上，口中祝道："百事皆高，百事皆高。"

南宋时，重阳糕的制法和北宋不同，原料里增加了糖、肉、鸭丝、栗粉、蜂蜜，缀以石榴，插上彩旗，还在糕面上放上粉制的蛮王或狮子，做得更讲究、更精致，堪称美食。

中国传统节日

明朝宫中从九月初一起就开始吃花糕了。花糕做得其大如盆，上面还要铺二三层枣。这时正是枣子成熟的季节，因此用枣做花糕的配料。花糕蒸成后，还要迎回已嫁的女儿。

除了制作精细的花糕外，有的儿童用酸枣捣烂了做枣糕，用火烤脆枣，用糖拌果干，或用线穿山楂，拿到大街小巷去兜售。

清朝的花糕制得更加精致，比较高级的一种以糖面为原料，中间夹上各色细碎的果屑，有的两层，有的三层，配料各异，比较普遍的是在糕上点缀一些碎枣丁或碎栗丁。有的在花糕上作两只小粉羊，取"重阳（羊）"之意。

重阳节也叫敬老节，民间要蒸重阳糕孝敬老人。蒸重阳糕的方法与蒸年糕相同，不过重阳糕要小一点，薄一点。为了美观中吃，人们把重阳糕制成五颜六色的，还在糕面上撒一些木犀花，因此重阳糕又叫桂花糕。这样制成的重阳糕香甜可口，十分符合老人的口味。

（六）射箭

东晋末年，大将军刘裕在篡晋之前，有一年在彭城过重阳，一时兴起，骑马登上了项羽戏马台。等他即位称帝建立刘宋后，规定每年九月九日为骑马射箭、校阅军队的日子。

南北朝时期，重阳节流行骑马射箭的游戏。

南北朝时期战争频繁，秋季是农作物丰收的季节，各个政权之间经常发生抢粮的战斗，因此出现了以习武为内容的重阳习俗。

开始时，重阳节射箭的习俗主要流行于官场，参加骑射活动的不仅有朝中官员，京畿的高官有时也奉命参加。

唐朝时，百官要在重阳节举行射箭比赛。唐朝皇帝规定：射中鹿，赏一匹马；获得第一名，赏绫罗；其他有射获的也有多少不等的奖赏。

宋朝沿袭了唐朝重阳习射的习俗，

但已不像唐朝那么热衷。宋朝宫廷在重阳节这天开始给皇帝生火取暖，叫"开炉"，一直生到第二年的二月初一。与此同时，皇帝和大臣都换发可以御寒的夹袄，这是古时"九月授衣"习俗的延续。

辽、金两朝虽然是少数民族政权，但受汉族文化习俗的影响，也过重阳节。其节日习俗与汉族大同小异，如登高、饮菊花酒、射猎等。汉族重阳节一般只是立靶射箭，射中者有赏；而契丹族过重阳节要比赛射老虎，哪个部族射中的老虎少，就要请大家吃重阳宴。

（七）放风筝

重阳佳节，好多地方都要放风筝。

风筝源于春秋时代，至今已有两千多年的历史了。当时，墨子在鲁山（今山东潍坊境内），研究试制了三年，终于用木板制成了一只木鹞，但只飞了一天就坏了。墨子制造的这只木鹞是我国最早的风筝，也是世界最早的风筝。

墨子把制风筝的技术传给了他的学生鲁班，鲁班根据墨子的设计开始用竹子作风筝。鲁班把竹子劈开后，用火烤弯，做成喜鹊的样子，称为"竹鹊"，在空中飞翔了三天。最初的风筝常被当做军事工具，用于测量风向，有时也用于通讯。

楚汉相争时，项羽的军队被刘邦的军队围于垓下，韩信派人用牛皮作风筝，上置竹笛，迎风作响，汉军配合笛声唱起楚歌，涣散了楚军士气。这就是"四面楚歌"典故的由来。

东汉蔡伦发明造纸术后，人们开始用纸作风筝，称为"纸鸢"。

南北朝时，梁武帝被侯景围困于建业（今南京），内外信息断绝。这时，有人献计制作纸鸦，把皇帝诏令系在上面。于是，太子简文帝在太极殿外乘西北风放纸鸦向外求援，不幸被叛军发现射落了。

唐朝建立后，为了缓和阶级矛盾，安定社会秩序，开始减轻人民负担，发展经济，社会很快走向安定和繁荣，成为我国古代文化经济全面发展的时期。社会的安定、文化和经济的发展、国力的雄厚带来了中国传统节日的盛行。

唐朝时，重阳节被国家定为传统节日，促进了各种文化娱乐活动的发展。一直被用于军事上的风筝，随着传统节日的兴起，开始向民间娱乐转型，儿童开始放纸鸢玩了。

从五代开始，人们在纸鸢上加上哨子，能在风中像古筝一样发声，故称风筝。而那些没有哨子的则专称纸鸢了。

宋朝城市文化经济日益繁荣，民间手工业蓬勃兴起，朝廷提倡过传统节日，从而为风筝的发展和进入节日娱乐活动提供了更加良好的条件。因此，宋朝风筝的流传更为广泛了。这时，民间放风筝已是一项群众喜闻乐见的娱乐活动，也是文人艺术创作的一种题材。由于有文人参与，风筝在扎制和装饰上都有了很大的发展。由于社会对风筝的大量需求，制作风筝发展为一种专门的职业了。

明清两代是中国风筝发展的鼎盛时期，风筝在大小、样式、扎制技术、装饰和放飞技艺上都已超越前代，有了巨大的进步。当时，文人亲手扎绘风筝，除自己放飞外，还赠送亲友。人们普遍认为放风筝是一种极高雅的活动，能反映高深的修养和高尚的精神世界。

放风筝能使人开朗愉悦，心旷神怡。放风筝时，大脑高度集中，能有效地消除心中杂念。面对一片洁净的蓝天，人的心胸自然变得开阔了。

中国的风筝已有两千多年的历史，风筝上绘满了吉祥图案，给人以喜庆、吉祥和祝福，为人们所喜闻乐见，如"龙凤呈祥"、"百鸟朝凤"、"福寿双全"、"百蝶闹春"、"鲤鱼跳龙门"、"麻姑献寿"、"连年有鱼"、"四季平安"等。

关于风筝的起源有多种说法，但风筝起源于中国，这是世界风筝界一致公认的。

1. 飞鸟说：

古代风筝的结构、形状极其类似

飞鸟，因而有人认为最初的风筝是受飞鸟的启发，是模仿飞鸟制造，并以飞鸟命名的。中国最早的风筝是春秋时期墨子制造的。墨子研究了三年，终于用木头制成了一只木鹞，飞了一天。墨子制造的木鹞是中国最早的风筝。

2. 斗笠说：

斗笠是防雨、防暑的器具，类似草帽，系绳很长，多用柔软的树皮纤维制成。古时候有个农夫正在耕作时，忽然狂风大作，卷起了他的斗笠，农夫赶紧去追，一把抓住了系绳。恰巧这系绳很长，斗笠便像鸟一样在空中飞了起来。面对此景，这位农夫觉得很有趣，以后便经常给村民放斗笠。久之，渐渐地演变成放风筝了。

3. 树叶说：

古时候人们对风卷树叶满天飞的现象极为感兴趣，便用麻绳拴树叶放着玩。后来，逐渐演变成放风筝了。中国台湾高山族人和海南岛黎族人过去都曾用面包树的叶子做风筝放着玩，后来才发展为放纸制风筝。

4. 帆船说：

古时，我们祖先发明了木船，大禹时木船上装了风帆。帆是借助风力的机械，于是人们仿照帆的原理扎起风筝放飞。

5. 帐篷说：

有人说风筝起源于北方的帐篷，是人们模仿大风刮起帐篷在空中飘的现象制造出来的。

6. 李邺说：

五代后唐官吏李邺在宫中作纸鸢，借风力用线放到空中玩。后来，他又在鸢首安上竹笛，使风入竹笛发出古筝的声音，故名风筝。

如今，广东阳江于1993年被国家体委授予全国风筝之乡，阳江市把每年重阳节定为风筝节。

世界著名的风筝之都是我国山东省潍坊市，该市从1984年开始举办风筝会，每年都有来自世界的风筝爱好者一同放风筝。

（八）吃烤乳猪

吃烤乳猪是过重阳节的重要内容之一。

烤乳猪是广州著名的特色菜，早在西周时即已被列为"八珍"之一，那时称"炮豚"。

很久以前，有一天，一户人家院子里突然起了火，火势很猛，把院子里的东西都烧光了。

这时，主人匆匆赶回家，只见一片废墟，正惊得目瞪口呆时，忽然一阵肉香味扑鼻而来。主人循着香味找去，发现这香味是从一只烧焦的小猪身上发出来的。小猪的皮烤得红扑扑的，十分好看。他尝了尝小猪肉，觉得味道极好。受此启发，主人发明了吃猪肉的新方法，将乳猪烤红了卖，称之为"烤乳猪"。人们吃了都说好，很快便供不应求了。由于生意兴隆，收入颇丰，主人很快便修起了一座带小院的别墅。

早在南北朝时，贾思勰即把烤乳猪作为一项重要的烹饪技术成果记载在《齐民要术》一书中了。他在书中写道："（乳猪）色同琥珀，又类真金，入口则消，状若白雪，含浆膏润，特异凡常也。"

烤乳猪的技术代代相传，日益改进，如今烤乳猪已烹制得十分精细，成为驰名世界的中国菜肴了。

清朝康熙年间，烤乳猪成为宫廷名菜，是满汉全席中的一道主菜。随着满汉全席的盛行，烤乳猪传遍大江南北。在广州，烤乳猪在餐饮业中久享盛誉，深受食客的青睐。

"阳春白雪"是广州最著名的特色菜，是用乳猪为主料制作而成的，堪称一绝。至今，广东人过重阳佳节时，仍有吃烤乳猪的习俗。

（九）敬老

重阳节是每年农历九月九日，九九与

"久久"谐音，人们认为它有长寿之意，因此敬老成了重阳节的活动之一。

人们利用重阳登山的机会祭扫祖墓，祭祀先人。有些地方重阳祭祖者比清明要多，因此俗称三月上巳为小清明，九九重阳为大清明。

人们常在重阳节祭祖并进行敬老活动，重阳节与除夕、清明、盂兰节是中国传统节日里祭祖的四大节日。

我国敬老之风由来已久，有着优良的传统。

汉朝是我国封建社会的奠基时期，也是我国汉民族形成的重要时期。刘邦在建立了统治中国长达四百多年的汉朝后，在总结秦王朝统治经验及教训的基础上，开创了许多重要的敬老制度。

1. 王杖制度

王杖制度又称赐杖制度，即将王杖赐给有德的老人。刘邦在社会、政治、经济、文化和司法等领域对获杖老人采取了养老的赋税政策。

免除老人的赋税和差役负担。对王杖持有者，官吏不得擅自征发他们服徭役，不得辱骂、殴打他们，否则处以极刑。

把免除差役的范围扩大到持杖老人的家庭成员，即对于抚养这些老人的人，国家也免除其赋税和徭役。

经济上给予持杖老人一定的优待，持有王杖的老人如从事经商活动，要免除市税。即持有王杖的老人在市场做买卖时，要对其实行免税政策。

对持杖老人在政治和生活待遇上要比照六百石官员看待。持杖老人可以出入官府，可以在一般人被禁止行走的驰道和旁道上行走。此外，持杖老人犯罪时，要予以照顾，或不按律治罪，或从轻处理。

2. 赐米制度

西汉初年，对 90 岁以上的高龄老人实行赐米制度，不过当时只有大夫及大夫爵位以上的 90 岁老人才享受赐米，而低级爵位乃至无爵位者需要更高的年龄才行。汉文帝时，对赐米制度的对象、年龄和内容等方面进行了改革，80 岁以

中国传统节日

上的老人可以享受赐米一石、肉二十斤和酒五斗的待遇；而90岁以上的老人在享受赐米一石的基础上，还增赐帛二匹、絮三斤；同时取消了对高龄老人爵位的限制，命令全国各县官吏对天下80岁以上的平民一律赐米。汉武帝时曾颁布诏令，继续执行赐米制度。东汉时，享受赐米者的年龄被进一步降低，70岁的老人就被赐米了。

3. 免老制度

免老制度即"徭役免老制度"，即对达到年龄标准的老人免除徭役。免老制度在秦朝就曾经出现，当时有爵位的免老者的年龄是56岁，无爵位的免老者的年龄是60岁。汉朝继承了秦朝的免老制度，免老年龄也是56岁。与赐杖制度一样，汉朝在实行免老制度的过程中，逐步取消了对爵位的要求，扩大到适龄的普通平民，反映了汉朝免老制度的民主性和进步性。

4. 睆老制度

汉初，养老制度规定年龄较高但尚未达到免老者年龄的老人称为睆老。睆老也享有一定的优待政策：一是半服徭役，二是睆老者之子可免于参加运粮的差事。

汉朝"赐杖"、"赐米"、"免老"和"睆老"等四项政策反映出汉朝敬老养老的社会风气，而且推动了社会的精神文明建设，是具有开创精神的。这一养老制度对我国封建社会敬老养老制度的发展产生了承前启后、继往开来的影响，被以后历代封建王朝所借鉴或沿用。

由于历史和时代的局限，汉朝敬老养老的赋税政策打上了封建地主阶级的烙印。开始时，敬老养老制度中存在着爵位等级的限制，高爵位的老人在赋税方面享有优先权。

汉朝皇帝能够面对社会形势的发展和变化，顺应历史潮流，注重利用赋税政策开创和发展敬老养老事业，逐渐取消了爵位等级对养老年龄的影响，越来越面向广大的平民阶层，并逐渐降低养老对象的年龄，体现了社会的进步性。

刘恒是汉高祖的第三子，是薄太后生的，于高后八年（公元前 180 年）即位，史称汉文帝。汉文帝以仁孝名闻天下，侍奉母亲从不懈怠。母亲卧病三年，他常常目不交睫，衣不解带，认真服侍；母亲所服的汤药，他亲口尝过后才放心让母亲服用。他在位二十四年，能够重德兴礼，注意发展农业生产，使西汉社会渐趋稳定，人丁兴旺，国家富强，经济得到恢复和发展。因此，他与其子汉景帝的统治被后世史家誉为"文景之治"。

中国传统节日

清王朝定鼎北京后，学习汉制，注重文教，对敬老尊贤极为重视。

康熙皇帝 60 岁那年，曾遍邀全国高寿老人在乾清宫开"千叟宴"，与宴者一千九百余人。

到了乾隆朝，乾隆皇帝下令，凡民间有百岁以上的老人，可让本省总督和巡抚代为上报，提请恩赏。朝廷接到地方上报之后，立即赐给这些百岁老人匾额，男性赐"升平人瑞"字样，女性赐"贞寿之门"字样，同时还拨一笔专款为百岁老人建牌坊。

乾隆在位的六十年间，全国共出现过三对百岁夫妻和两对百岁兄弟。乾隆二十六年（1761 年），广东南海县百姓杨能启年龄 100 岁，其妻子 101 岁；乾隆三十五年（1770 年），安徽太湖县百姓朱宪章与妻子刘氏都是 100 岁；乾隆四十五年（1780 年），安徽亳州百姓陈洪如年龄 106 岁，其妻子王氏 101 岁。对这三对夫妻，除了赏赐财物外，乾隆皇帝还亲自为他们作了诗。此外，山东章丘县百姓王欣然年龄 103 岁，其弟王瑞然 100 岁；山东清平县张玫和弟弟张珩均年逾百岁。在乾隆皇帝的关心下，他们都获得了朝廷颁赐的匾额，并筑了牌坊。

为了庆贺即位五十年，乾隆皇帝效仿祖父康熙皇帝，邀请三千九百多位高寿老人到乾清宫参加"千叟宴"，每位老人获赐一根鸠头手杖。我国古代传说鸠不会被食物噎着，因此鸠头手杖象征老人不会噎着。乾隆将鸠杖赐给年高之人，表示他对老人的关心和爱护。

乾隆六十年（1795年），85岁的乾隆皇帝禅位于儿子嘉庆皇帝，成了太上皇。禅位之后，乾隆皇帝又邀请全国60岁以上的高寿老人五千九百余人在皇极殿参加"千叟宴"，到场的百岁寿星多达十余人。

敬老是我们中华民族的传统美德，不但皇帝敬老，士农工商也都敬老。九九重阳凝聚了中华民族"老吾老"的浓浓深情和"老吾老以及人之老"的民族风范。在中国，敬老蔚然成风，下面的故事都是父母在重阳节登高时常常讲给子女听的。

子路是孔子的得意弟子，性格直率，见义勇为，十分孝敬父母。子路早年家中贫穷，他自己常常采野菜充饥，却从百里之外负米回家侍奉双亲。父母死后，他做了大官，奉命到楚国去，随从的车马有百乘之多，所积的粮食有万石之多。坐在厚厚的锦褥上，吃着丰盛的美食。面对此景，他怀念双亲，常常慨叹道："即使我想吃野菜，为父母去负米，哪里再能如愿呢？父母现在若是还活着，那该多好啊！"孔子赞扬子路说："子路孝敬父母，可以说是生时尽力，死后思念不已了！"

闵子骞也是孔子的弟子，以孝闻名，品德与颜渊并称。他牢记孔子的教导："老吾老以及人之老。"孔子曾赞扬他说："孝哉，闵子骞！"他生身母亲去世后，父亲娶了后妻，又生了两个儿子。继母经常虐待他，冬天，两个弟弟穿着用棉花絮的冬衣，却给他穿用芦花絮的冬衣。一天，父亲出门，他牵车时因寒冷打颤，将绳子掉在地上，遭到父亲的斥责和鞭打。打着打着，衣服里絮的芦花从打破的衣缝飞了出来，父亲这才知道闵子骞受到继母的虐待。父亲回家后要休了后妻，闵子骞跪求父亲饶恕继母，说："留下母亲只是我一个人受冷，休了母亲三个孩子都要挨冻。"父亲听了十分感动，就依了他。继母听说后，十分悔恨，从此对闵子骞如亲生儿子一般。

蔡顺是汉朝汝南（在今河南）人，少年丧父，侍母极孝。当时正值王莽篡汉，天下大乱，又遇饥荒，柴米昂贵，母子二

人只得靠蔡顺一人拾桑葚充饥。一天，蔡顺正在拾桑葚，恰遇一支赤眉军路过，见蔡顺把红色的桑葚和黑色的桑葚分开装在两个篓子里，不禁问道："为什么把红桑葚和黑桑葚分开装在两个篓子里？"蔡顺回答说："黑桑葚供老母食用，红桑葚留给自己吃。"原来，黑桑葚要比红桑葚好吃多了。赤眉军见他如此孝敬老人，顿生怜悯之心，立即送给他三斗白米，一头牛，以示敬意。

江革是东汉时临淄人，少年丧父，侍奉母亲极为孝顺。战乱中，江革背着母亲逃难，几次遇到强盗，强盗想杀死他，江革哭诉道："老母年迈，无人奉养，不要杀我！"强盗见他孝顺，不忍杀他。后来，他迁居江苏下邳，做佣工供养母亲。因为贫穷，他自己赤着双脚，却让母亲吃好的穿好的。汉明帝时，江革被推举为孝廉。汉章帝时，江革被推举为贤良方正，出任五官中郎将。

陆绩，三国时期吴国吴县华亭（在今上海市松江县）人，是我国古代著名的科学家。6岁时，陆绩随父亲陆康到九江（在今江西省）谒见袁术，袁术拿出橘子招待他们，陆绩往怀里藏了两个橘子。临别时，怀里的橘子滚落到地上，袁术嘲笑道："陆郎来我家做客，走的时候还要怀藏主人的橘子吗？"陆绩回答说："母亲喜欢吃橘子，我想拿回去送给母亲尝尝。"袁术见他小小年纪就懂得孝敬母亲，十分惊奇，立即让他带上一些橘子。陆绩成年后，博学多能，通晓天文、历算，曾作《浑天图》，注释《易经》，还撰写了《太玄经注》。

吴猛是晋朝濮阳人，8岁时就懂得孝敬父母。家里贫穷，没有蚊帐，蚊虫叮咬使父亲不能安睡。每到夏夜，吴猛总是赤身坐在父亲床前，任蚊虫叮咬而不驱赶，免得蚊虫离开自己而去叮咬父亲。

晋朝人杨香14岁时，一天随父亲到田间割稻子，忽然跑来一只猛虎，把父亲扑倒，叼起来就走。杨香手无寸铁，为救父亲，全然不顾自己的安危，急忙飞步跳上虎背，用尽全身气力，两臂一环扼住猛虎的咽喉。不久，猛虎被扼得喘不过气来，只得放下父亲跑掉了。

宋朝朱寿昌7岁时，生母刘氏被嫉妒成性的嫡母（父亲的正妻）逼走，不得不改嫁他人，五十年间母子音信不通。宋神宗时，朱寿昌到朝中做官，利用广泛的人际关系在全国各地寻找生母。得到线索后，他立即弃官到陕西寻找生母，发誓不见母亲决不回家。最后，他终于在陕州找到了生母和两个弟弟，母子团聚，一起返回故乡。这时，他母亲已经七十多岁了。

黄庭坚是北宋著名诗人、书法家。他孝敬老人，没有一天忘记儿子应尽的职责。他虽做了高官，仍然每天亲自为母亲刷洗便桶。

我国重阳节已有两千多年的历史了。在民俗观念中，九九与"久久"谐音，包含有生命长久、健康长寿的寓意。20世纪80年代开始，我国一些地方把农历九月初九定为老人节，倡导全社会树立尊老、敬老、爱老、助老的风气。1989年，我国政府把每年的农历九月九日定为敬老节。这样，传统与现代巧妙地结合起来，重阳节成为尊老、敬老、爱老、助老的老年人的节日。届时，国家各机关、团体、街道都热情周到地组织从工作岗位上退下来的老人登高，让老人沐浴在大自然的怀抱里；不少家庭的晚辈也都扶老携幼到郊外活动，并为老人准备一些可口的美食。

这是我国古代敬老传统的延续，是继承传统、发扬传统的杰作。

2005年12月1日，河南省上蔡县被中国民间文艺家协会命名为"中国重阳文化之乡"。我们国家非常重视非物质文化遗产的保护，2006年5月20日，重阳文化经国务院批准列入第一批国家级非物质文化遗产名录。

当前，在全世界一百九十多个国家和地区中，已有六十多个国家进入老年社会。人口老龄化已成为当今世界的一个突出的社会问题。退休人口数量增加、人类寿命延长已加重了劳动人口与整个社会的负担。人口老龄化问题引起了国际社会的关注，联合国和许多国家，如中国、日本、瑞典、法国等国都组建了一些较为完善的老龄科研组织和机构，从自然科学和社会科学两个方面加强对老龄问题的综合研究。1992年，第47届联大通过《世界老龄问题宣言》，并决定将1999年定为"国际老人年"。1997年9月8日，第52届联大又确定1999年国际老人年从1998年10月1日开始。从此，10月1日被定为"国际老人节"。

此外，许多国家还有本国的老人节，有的和本国传统节日相结合，显得更有意义。加拿大的老人节称"笑节"，定在每年的6月21日；美国的老人节称"祖父祖母节"，定在每年9月的第一个星期天；一向有敬老习俗的日本老人最多，他们的老人节也称"敬老日"，定在每年的9月15日。

重阳节

三、与重阳节有关的传说

重阳节由来已久，是中华民族的重要节日，因此关于重阳节的传说很多，不但有趣，版本也不一样，能够引起人们的遐想，值得重视。

（一）桓景斩魔

东汉时，汝南县有一个叫桓景的农村小伙子，父母、妻子、儿女一大家。日子虽然过得不算好，但半菜半粮也能过得去。谁知不幸的事情发生了，汝河两岸瘟疫流行，家家户户都有人病倒了。这一年，桓景的父母都病死了。

桓景听老人们说："汝河里住着一个瘟魔，每年都要出来为害百姓，走到哪里就把瘟疫带到哪里。"桓景听说后，决定访求名师学本领，战瘟魔，为民除害。后来，他听说东南山中住着一个名叫费长房的仙人，专治害人的妖魔。于是，他立即收拾行装，进山去拜师。

谁知他跋涉了千山万水，还是找不到仙人。一天，他忽然看见前面站着一只雪白的鸽子，还不断地向他点头。桓景走近鸽子时，鸽子忽然飞了两三丈远，落地后又不断地向他点头。就这样，桓景跟着白鸽走啊走啊，终于找到了费长房。

桓景在费长房家的大门口恭恭敬敬地跪了两天两夜，表示要诚心学道，为民除害。到了第三天，大门忽然开了，一个白发老人笑眯眯地对桓景说："你为民除害心切，快跟我进来吧！"

费长房给桓景一把降妖青龙剑，教他剑术。桓景早起晚睡，披星戴月，不分昼夜地练剑。转眼一年过去，一天，桓景正在练剑时，费长房对他说："今年九月九，汝河瘟魔又要出来，你赶紧回乡为民除害去吧！我给你一包茱萸叶子，给你一瓶菊花酒，回乡后分给乡亲，带他们登高避祸。至于汝河中的瘟魔，就由你来除掉吧！"费长房说罢，用手一指，一只仙鹤展翅飞来，落在桓景面前。桓景跨上仙鹤，凌空而起，向汝南飞去。

桓景回到家乡，于九月九日那天带着全村老少登上附近的一座高山。他把茱萸叶子分给每人一片，让瘟魔不敢近前；又把菊花酒倒出来让每人喝了一口，说是可以避瘟疫。安排妥当后，他才腰挎降妖青龙剑回到村中，决心斩杀瘟魔。

不久，汝河里狂风怒吼，怪声骤起。瘟魔跳出水面，走上岸来，冲到高山下。这时，瘟魔顿觉酒气刺鼻，茱萸的香气直冲肺部，便不敢近前了。

瘟魔回身向村里走去，见桓景正在屋中端坐，便吼了一声向前扑去。桓景见瘟魔扑来，急忙舞剑迎战。斗了几个回合，瘟魔败下阵来，拔腿就跑。桓景"嗖"的一声把降妖青龙剑抛出，只见宝剑闪着寒光把瘟魔刺倒在地。

从此，汝河两岸的百姓再也不受瘟疫的侵袭了。于是，人们把九月九日登高避祸的习俗一代代地传到现在。

（二）九月九，全家高处走

很早以前，有个农户住在骊山脚下，全家人都很勤快，日子过得还不错。

有一天，这家主人从地里回来，半路上遇到一位算卦先生。因为天快黑了，这位先生还没找到歇脚处，主人便请他到家里安歇。

由于主人家里很窄，只有个小草棚子，主人就在灶台旁搭个草铺，让妻子和儿女在草铺上睡。他自己陪着算卦先生睡在炕上，凑合着过了一夜。

第二天天刚亮，算卦先生要走，主人叫醒妻子给他做了一顿好饭菜，又给先生装了一

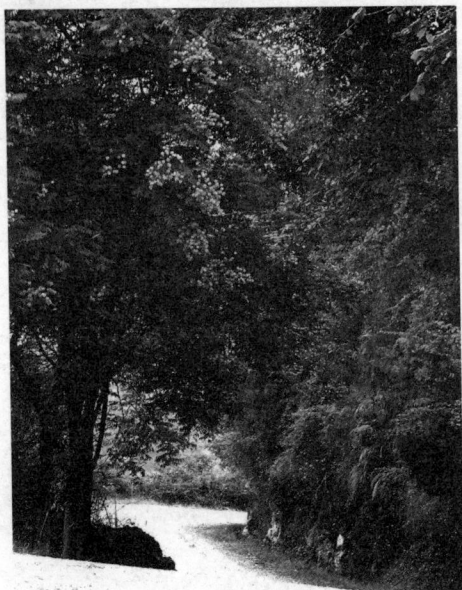

袋白蒸馍。算卦先生出门后，回头看了看主人家住的地方，沉思片刻，叮嘱他说："到了九月九，全家高处走。"

算卦先生走后，主人想：我平日没做啥坏事，又不想升官，往高处走个啥呢？但又一想：人们常说有的算卦先生上通天文，下知地理，有经天纬地之才，济困扶危之心，说不定我住的地方会出啥麻烦。于是，到了九月九日这天，他就带着妻子和儿女背上花糕和香酒，登上骊山高峰去游玩，权当让全家人休息一天，看看风景。

等他们上山后，半山腰突然冒出一股山洪直冲他家，把他家的草棚子一下子冲垮了。不大工夫，整个一条山沟都被山洪淹没了。主人这才明白算卦先生为什么让他全家九月九日登高。

这事传开后，人们都在农历九月九日扶老携幼去登高，相沿成俗，一直流传至今。

这就是九月九日登高习俗的由来。

(三) 重阳节又称女儿节

淮南全椒县有一丁氏女子，嫁给同县谢家公子为妻。谢家是大户人家，她婆婆凶恶残暴，虐待丁氏，强迫她干繁重的家务，还经常打骂她。丁氏最后忍受不住，在九月九日这天悬梁自尽了。

丁氏死后冤魂不散，附在巫祝身上说："做人家的媳妇每天劳动，不得休息，太辛苦了。重阳节这天请婆家不要让她们再操劳，让她们休息一天吧！"后人为了纪念她，就把每年的九月九日定为"女儿节"。

古籍中有重阳日"父母家必迎女来食花糕"的记载，民间迄今流行"九月九，搬回闺女歇歇手"的谚语。《大兴县志》说："九月九日……父母家必迎女归，亦曰女儿节。"明清时北京分宛平、大兴两县，由此可知在北京重阳节也称"女儿节"。

女儿节不止一个：端午也是女儿节，七夕也是女儿节，加上重阳女儿节，共有三个女儿节。

确切地说，端午兼属未嫁女和已嫁女，七夕专属未嫁女，重阳专属已嫁女。

（四）吴茱萸

吴茱萸是重阳节必备的，有关它的传说很多。

春秋战国时期，吴国每年都得按时向楚国进贡。有一年，吴国的使者将本国特产的药材"吴萸"献给楚王。贪婪无知的楚王爱的是珍珠玛瑙和金银财宝，根本瞧不起这土生土长的药材，反认为是吴国在戏弄他，于是大发雷霆，不容吴国使者有半句解释，就令人将其逐出宫去。

楚王有位姓朱的大夫，与吴国使者交往甚密，忙将其接回家中，温言宽慰。吴国使者说："吴萸乃我国上等药材，有温中止痛、降逆止嗝之功，善治胃寒腹痛、上吐下泻等症。因素闻楚王有胃寒腹痛之痼疾，故而献之，想不到楚王连问也不问，竟然不分青红皂白地将我逐出宫来，真是不识仁者之苦心。"听罢吴国使者之言，朱大夫才知道吴萸的妙用，便派人送吴国使者回国，并将他带来的吴萸精心地保管起来。

不久，楚王受寒，旧病复发，腹如刀绞，群医束手无策。朱大夫见时机已到，急忙将吴萸煎成汤献给楚王服下。楚王服后立即止痛了，不由心中大喜，重赏了朱大夫，并询问道："爱卿，此为何药？"朱大夫便将吴国使者献药之事细述一遍。楚王听后，非常懊悔，立即派人携带厚礼向吴王道歉，并下令在国内广植吴萸。

几年后，楚国瘟疫流行，腹痛的病人遍及全国，全靠吴萸救了成千上万百姓的命。

楚国百姓为感谢朱大夫的救命之恩，便在吴萸的中间加上一个"朱"字，改称吴朱萸。后世医学家又在朱字上加个草字头，定名为吴茱萸，一直沿用至今。

（五）重阳糕的传说

每逢重阳佳节，人们都要吃重阳糕。

传说明朝状元康海是陕西武功人，参加八月会试后不幸卧病长安。

放榜后，报喜的报子日夜兼程将喜讯送到武功，但此时康海尚未抵家。

家里没人打发赏钱，报子不肯走，一定要等康海回来。

等康海病好回家时，已经是九九重阳了。这时，康海筹资打发报子，给了他赏钱，并蒸了一锅糕给他作干粮，又多蒸了一些糕分给左邻右舍。

因为这锅糕是用来庆祝康海中状元的，所以后来有子弟上学的人家，也在重阳节这天蒸糕分给大家吃，讨一个好兆头。

于是，重阳节吃糕的习俗就这样传开了。

（六）唐尧的传说

古时帝喾有个儿子名叫尧，8岁时封为唐侯。有一年九月初九，尧召集天下诸侯开会，用米和酒招待与会者。米尚未送到，帝喾便去世了。于是百官推戴唐尧即位，因要为帝喾服丧，所以不能饮酒，便只用米磨面做成糕，在诸侯拜见新帝时食用。从那以后，糕便成了九月九日的专用食品。

四、各地重阳节

我国幅员辽阔，人口众多，各地重阳节虽然在活动内容上大体相同，但也各具特色。

（一）河北地区

九月九日这天，香河县百姓凡有亲戚关系的都会互相送礼，称为"追节"。

典周县境内无山，县民多于重阳节这天上城楼举行登高活动。

永平县的老人常用重阳的天气来预卜未来的天气。如果重阳节这天下雨，那以后几天也都会下雨。

清丰县儿童于重阳节这天要放纸鸢，也就是放风筝。重阳节前后，西风初起，风力强劲，正是放风筝的好时候，因此人们纷纷到郊外放风筝。

九月九日这天，北京百姓必迎女儿回家吃花糕，如果婆家不放，母亲就会骂起来，女儿也会埋怨，家中小妹也会哭泣不已。

河北《张北县志》记载："各家搬女归宁，因秋收完毕，休息之意。故谚云：'九月九，搬回闺女息息手。'"天津也有类似的记载。

有些地方在重阳节这天给老师放假。河北《任丘县志》记载："重阳隆师放学。"

（二）山西省

不少地方将重阳节作为礼敬教师的日子，学生给先生送糕或请先生吃饭。山西《沁州志》、《武乡县志》都记载：重阳节这天要"拜礼师长"。

山西晋南地区各村由学董牵头，组织村民杀一只羊做佳肴，盛情招待

教师，同时商讨本村下一年的教书事宜，或继续聘用，或另请高明。如今学校教师多为公职人员，但不少农村仍然习惯在重阳节这天宴请教师。

九月九日一般都吃重阳糕，但晋东南地区及五台县等地习惯吃寿面，以应重阳节祈寿的习俗。不管吃什么，借机改善一下生活是大家的共同愿望，因此民间有"九月九，家家有"、"九月九，又吃油糕又喝酒"、"九月九，精软大米咬一口"等谚语，意思是说这一天家家户户都要改善生活。

山西晋南地区自古就有九月九日登高的传统习惯，饱览大好河山，瞻仰名胜古迹，成为这一日的盛事。至今民间还传诵着"乾坤开胜概，我辈合登高"等名言。

（三）河南省

在河南信阳一带，人们喜欢在重阳之日吃汤圆。

豫北有"九月九，卸石榴"的谚语，有石榴的人家，习惯在此日摘石榴吃，让全家老幼快快乐乐地过重阳节。

南阳等地认为九月初九是老君的生日。传说老君小名为"哨"，所以重阳节这天歌舞游乐时忌吹哨子。

河南地处中原，古迹极多。重阳节这天，龙门、嵩山、邙山、少林寺、白马寺等地游人如织。

（四）山东省

山东鄄城百姓认为重阳节这天是财神爷的生日，家家都要烙煎饼祭财神。道教认为老君（即老子）是九月九日出生的，道观于重阳节这天要举行祭祀活动。

昌邑百姓于重阳节这天要喝辣萝卜汤，并有谚语说："喝了萝卜汤，全家不遭殃。"

邹平百姓在重阳节这天要祭祀范仲淹，因为范仲淹是与包公一样的清官，民间认为祭祀他会得到他的福佑。过去，邹平染坊及酒坊要在九月九日祭缸神。

滕县出嫁不到三年的女儿不许回娘家过重阳节，有"回家过重阳，死她婆婆娘"的说法。

重阳已是深秋，山林和原野上的小动物个个膘肥体壮，正是围猎的好时机，山东许多地方在这天都有打猎的习惯。阳谷等地的百姓往往结伴打猎；陵县等地则在九月初由好事的人把大家组织起来，到处张贴打猎的海报。九月九日这天，周围二三十里以内的人手持鸟枪，肩扛木棍，齐集指定地点开始打猎。一人获得猎物后，其他人可以争抢。但当获得猎物的人将猎物举过头顶时，就不许再抢了。现在，陵县盐村百姓仍保持这种习俗。

（五）陕西省

西安百姓过重阳节时，远的去登骊山，近的则登大雁塔或城墙。

西乡县过重阳节时，亲友间以菊花、菊花糕相馈赠，读书人还要以诗酒相贺。当地流行妇女于此日采茱萸的习俗，据说可以治心疼病。

重阳节在陕北正是收割的季节，陕北民歌唱道："九月里九重阳，收呀么收秋忙。谷子呀，糜子呀，上呀么上了场。"重阳节这天，农民整天都在收割、打场。晚上，人们吃罢荞面煮羊肉后，便走出家门，爬上附近的山头，点上篝火，谈天说地，直到鸡叫时才回家。夜里登山时，许多人都摘几把野菊花，回家后插在女儿的头上，据说可以辟邪。

（六）江苏省

重阳节这天，南京百姓用五色纸旗插在院子里。

长洲县重阳节吃一种叫做"骆驼蹄"的面食。

无锡县重阳节吃重阳糕，喝九品羹。九品羹是将菊花、银耳、

莲子等煮成羹，加入少许冰糖，可去烦热，利五脏，治头晕目眩等症。

（七）上海市

上海附近没有山，无高可登，人们便把沪南丹凤楼及豫园的大假山作为登高之所。重阳节这天，这两处十分热闹。

到了民国年间，人们干脆登上二十四层高的国际饭店，沐浴海天之风，极其惬意。

上海豫园于重阳节举办菊花会，以新巧、高贵、珍异三项标准评定参选菊花的品位。

（八）浙江省

绍兴府官民在重阳节这天要互相拜访，如果亲友家有丧事，还要到灵前哭拜。同时，还在重阳节这天绑粽子互相馈赠，称为重阳粽。

桐庐县九月九日要备猪羊祭祖，称为秋祭。

由于重阳节是祭神的日子，因此不少神的诞辰也被定为九月九日。浙江一些地方有祭祀兴福明王的习俗。《仁和县志·茶槽庙纪》说：兴福明王是明朝永乐年间的一个茶商，名叫陈旭。由于钱塘江沿岸经常受海潮的侵害，陈旭便出资修筑堤坝，但怎么也筑不起来。陈旭为了两岸百姓，奋不顾身地跃入钱塘江，江中的沙子立即随着潮水涌了上来，堤坝终于筑成了。从此，钱塘江沿岸的潮患消除了。于是，明朝永乐皇帝敕封陈旭为兴福明王，浙江百姓到处为他立庙奉祀，并定兴福明王的诞辰为九月九日。

（九）江西省

人们都在这一天登高，故称重阳节为登高节。

中国传统节日

江西南昌的滕王阁是登高胜地。因唐朝大才子王勃于重阳节这天在滕王阁上写出了千古名文《滕王阁序》，所以吸引无数天南海北的人前来登高。

德兴县于九月九日重阳节这天开始收割晚稻，晚上一家人带着酒肉，登上高山，聚在篝火旁，畅谈来年农事。

（十） 安徽省

安徽人喜欢在重阳节这天登黄山，此时黄山天高云淡，别有一番情趣。

淮北百姓要在这天欣赏凤阳花鼓，并喝菊花酒，吃重阳糕。

铜陵县在重阳节这天举行龙烛会，迎接山神。儿童削竹马为戏，据说可以驱逐瘟疫。

（十一） 湖北省

湖北人喜欢在重阳节这天登黄鹤楼远眺，望着滚滚东流的长江，冥思遐想。也有人登上赤壁怀古，遥想诸葛亮和周瑜。这样，节日的内容更丰富了。

武昌县于重阳节这天酿酒，据说此日所酿之酒最为清冽，并且久藏不坏。

应城县重阳节是还愿的日子，家家在这天祭拜土地神。

江陵龙山上有纪念晋代孟嘉落帽的落帽台古迹，吸引着许多游客前来登高，抒发思古之幽情。

（十二） 湖南省

长沙人要在重阳节这天登岳麓山，或在橘子洲头划船。

衡阳人要在重阳节这天登衡山回雁峰，一边野餐，一边饱览山河。

湘西土家族过重阳节时打糯米粑，取辟邪禳灾之意。

（十三）福建省

长汀县农家在重阳节这天采田中毛豆互相馈赠，称为毛豆节。

海澄县重阳节这天放风筝，称为"风槎"。

过去，漳州人清明节时不祭祖，而是在重阳节这天用牲醴祭祀祖先。

在福建莆仙，人们沿袭旧俗，要蒸九层的重阳米糕。莆仙人重阳祭祖的比清明多，因此有"三月为小清明，重九为大清明"之说。

九月初九是妈祖的忌日，乡民多到湄洲妈祖庙或港里的天后祖祠、宫庙祭祀，求其保佑。

（十四）广东省

广东省要在重阳节这天吃烤乳猪，赛龙舟。

连川在重阳节这天，童男童女都到城外相聚答歌，寻找心上人。

南雄府九月九日请茅山道士办王母会，求子嗣的青年妇女都会参加。

阳江县重阳节放纸鸢，并系藤弓于其上，在空中发出的声音十分响亮。

临高县民重阳节这天早起后，大家齐声高喊"赶山猫"，以此祈求平安幸福。

广州地区的士人多于重阳节这天登上白云山，饮酒赋诗，不醉不归。

（十五）广西省

怀集县以重阳节为元帝得道之日，男女老少倾城而出，用炮竹祭神酬愿。

隆安县重阳节这天放任牛羊自行觅食，俗语称"九月九，牛羊各自守"。

（十六）四川省

南溪县读书人于此日在龙腾山岑山楼聚会，纪念唐朝大诗人岑参，称为

"岑公会"。

民间旧俗，重阳前后要以糯米蒸酒，制醪糟，俗话说："重阳蒸酒，香甜可口。"

四川《万源县志》记载："各学校于此日（重阳）休假，教职员率领学生游山玩水，谓之登高。"因此，重阳节可以说是中国最早出现的教师节了。

（十七）贵州省

贵州锦屏、剑河、天柱一带的侗族人民，过重阳节都要打糯米粑吃，相传是纪念侗家民族英雄姜映芳率领起义军反抗官府取得的辉煌胜利。

（十八）台湾省

这天，士大夫携酒登高。台湾菊花开得早，重阳节这天如能买到一两棵菊花，是十分荣幸的事。

台湾地区的气候从九月开始便刮起了北风，极适宜放风筝，重阳节放风筝渐渐成了受欢迎的习俗。

台湾风筝种类繁多：简单的四角仔又称顺篱仔，只需几张纸糊到竹篾上即可，十分轻巧，浮力还强，极受儿童欢迎；"陀螺"尾巴会作响，放起来特别威风，引人注目；"八仙"、"菊花心"等华丽可爱，造价很高。

此外，还有"蜈蚣"、"双抱钱"、"烟筒"等较复杂的风筝。有的长达五六尺，需要好几个成年人通力合作才能慢慢将其放到空中去。

大大小小、美观艳丽的风筝在天空翱翔，形成了俗语所说的"九月九，风吹（风筝）满天吼"的景观。

台湾客家族有在重阳节祭祖的习俗，其他氏族觉得不该年年让他们请客，渐渐地也加入了重阳祭祖的行列。祭祀典礼由族长主持，参加祭祀的人相约于清晨四点在公厅集合，据说来得越早越能得到祖先的庇佑。

五、历代有关重阳节的诗词

每逢重阳佳节，我们祖先都要吟诗作词，抒发感情，给我们后代子孙留下了不少佳作，成为重阳文化的朵朵奇葩。

于长安归还扬州九月九日行薇山亭赋韵

南朝陈　江总

心逐南云逝，形随北雁来。

故乡篱下菊，今日几花开？

九月九日忆山东兄弟

唐　王维

独在异乡为异客，每逢佳节倍思亲。

遥知兄弟登高处，遍插茱萸少一人。

九月九日登玄武山

唐　卢照邻

九月九日眺山川，归心归望积风烟。

他乡共酌金花酒，万里同悲鸿雁天。

奉和九月九日登慈恩寺浮屠应制

唐　宋之问

凤刹侵云半，虹旌倚日边。

散花多宝塔，张乐布金田。

时菊芳仙酝，秋兰动睿篇。

香街稍欲晚，清跸扈归天。

登高

唐　杜甫

风急天高猿啸哀，渚清沙白鸟飞回。

无边落木萧萧下，不尽长江滚滚来。

万里悲秋常作客，百年多病独登台。

艰难苦恨繁霜鬓，潦倒新停浊酒杯。

九日齐山登高

唐　杜牧

江涵秋影雁初飞，与客携壶上翠微。

尘世难逢开口笑，菊花须插满头归。

但将酩酊酬佳节，不用登临恨落晖。

古往今来只如此，牛山何必独沾衣。

谢新恩

南唐　李煜

冉冉秋光留不住，满阶红叶暮。又是过重阳，台榭登临处，茱萸香坠。紫菊气，飘庭户，晚烟笼细雨。雍雍新雁咽寒声，愁恨年年长相似。

醉花阴

宋　李清照

薄雾浓云愁永昼，瑞脑销金兽。佳节又重阳，玉枕纱厨，半夜凉初透。东篱把酒黄昏后，有暗香盈袖。莫道不销魂，帘卷西风，人比黄花瘦。

踏莎行

宋　辛弃疾

夜月楼台，秋香院宇，笑吟吟地人来去。是谁秋到便凄凉？当年宋玉悲如许！

随分杯盘，等闲歌舞，问他有甚堪悲处？思量却也有悲时，重阳节近多风雨。

沉醉东风·重九

元　卢挚

题红叶清流御沟，赏黄花人醉歌楼。天长雁

影稀，月落山容瘦。冷清清暮秋时候，衰柳寒蝉一片愁，谁肯教白衣送酒？

九日渡江

明　李东阳

秋风江口听鸣榔，远客归心正渺茫。
万里乾坤此江水，百年风日几重阳。
烟中树色浮瓜步，城上山形绕建康。
直过真州更东下，夜深灯影宿维扬。

九日

明　文森

三载重阳菊，开时不在家。
何期今日酒，忽对故园花。
野旷云连树，天寒雁聚沙。
登临无限意，何处望京华。

酬王处士九日见怀之作

清　顾炎武

是日惊秋老，相望各一涯。
离怀销浊酒，愁眼见黄花。
天地存肝胆，江山阅鬓华。
多蒙千里讯，逐客已无家。

清平乐

清　纳兰性德

将愁不去，秋色行难住。
六曲屏山深院宇，日日风风雨雨。
雨晴篱菊初香，人言此日重阳。
回首凉云暮叶，黄昏无限思量。

腊八节

"腊八"在春节之前。春为岁首，一元复始，万象更新，人们常常会因为春节的特殊隆重而忽略"腊八"，其实"腊八"恰是春节的序幕，是人们辞旧迎新的开始。"腊八"历史悠久，相传起于秦朝，最初没有固定的日期，直至南北朝时才将"腊八"定在每年的农历十二月初八。这一天有很多富有民族特色的风俗，如熬腊八粥、做腊八面、泡腊八蒜等。在节令文化里，腊八节承载着亲情友情的感动和对美好生活的向往。

一、迎春先有好风光，意味深长腊八节

节令文化是我国传统文化重要的组成部分，极具浓郁的中华民族特色。节令作为祖先留给我们最宝贵的民族文化基因，至今依然鲜活地伴随着我们。春节、元宵、清明、端午、中秋、重阳、腊八……每一个传统节日都有其独特的习俗和意蕴。不管时空怎样转变，在全世界中华儿女的心中，传统节令就是让个体生命丰厚，让民族集体无意识升华的一个载体和结点。这里我们来谈谈"腊八"。

"腊八"在春节之前。春为岁首，一元复始，万象更新，人们常常会因为春节的特殊隆重而忽略"腊八"，其实"腊八"恰是春节的序幕，是人们辞旧迎新的开始。"腊八"历史悠久，相传起于秦朝，最初没有固定的日期，直至南北朝时才将"腊八"定在每年的农历十二月初八。这一天有很多富有民族特色的风俗，如熬腊八粥、做腊八面、泡腊八蒜等。在节令文化里，腊八节承载着亲情友情的感动和对美好生活的向往。下面就让我们一起走进这丰富多彩的腊八节。

（一）腊八节的由来及演变

腊八节，顾名思义，在农历腊月初八。我国民间通常把农历十二月称为腊月，因此，许多与腊月有关的习俗或节日，往往也被冠之以"腊"字。但由于秦汉以前，各朝各代所使用的历法不同，因此腊月所处的具体时间并不一致，一直到秦汉统一历法后，才确定了腊月的具体日期，即农历十二月的第八天，这个规定一直沿用至今。

为何将处在冬末春初、新旧交替之际的岁终之月称为"腊"？说法很多，比较有代表性的有三种：

其一，腊，从肉，䐁声。《礼传》称："腊者，猎也，言田猎取禽兽，以祭祀其祖也。"古代人们趁年终农闲外出打猎，一来多储备食物，以弥补粮食的不足；二来将猎来的野兽祭祖敬神，祈福求寿、避灾迎祥。

东汉蔡邕在《独断》中写道："腊者，岁终大祭。"所以"腊"的本义是年终祭祀之名，这腊的打猎之意是相辅相成的。《说文》讲："冬至后三戌，腊祭百神。"《礼记·月令》说："腊先祖五祀。"《左传·僖公五年》说："虞不腊矣。"这都是与祭祀相关的记载，腊祭在我国古代是最隆重的一种祭祀。这其实也与我们的农耕文明关系密切。上古时候，人们便习惯趁清闲的冬藏之季休养生息、祭祀祈福。商代，人们每年会用猎获的禽兽举行春、夏、秋、冬四次大祀，祭祀祖先和天地神灵。其中冬祀的规模最大，也最隆重。《风俗通·祀典》说："礼传曰：'夏曰嘉平，殷曰清祀，周曰大蜡，汉改曰腊。'"这便形成了我国古代的腊祭文化。于是留下了蜡腊（通常将祭祀祖先称为"腊"，把祭祀百神叫做"蜡"）、腊坛、腊宾（腊祭的助祭人）、腊祠、腊宫等词语。

其二，古代将干燥的物体称为"腊"。郑玄《诗经注》说："腊，小物全干。"古代农业社会，人们将一年中收成的部分蔬果谷物储备起来，等这些蔬果粮食放置到年终十二月之时，基本上都变得十分干燥，因此，年终十二月祭献神灵用的贡品当然全都是干物。另外，干物在天子那里有专门的官员掌管，叫"腊人"。《周礼·天官·腊人》云："腊人掌干物。"如今，在我国广大地区年终都还保留着制作各种风味的腊肉、腊肠的习惯，也都是熏干以便于保存，为了过年之用。

其三，《隋书·礼仪志》曰："腊者，接也。"是说"腊"寓有"新旧交替"的含义。按照我国传统历法，每年的农历十二月乃是一年的终结，同时亦预示着新一年即将拉开序幕。因此便有了"腊者，逐疫迎春"的说法，可见腊八有驱除疾病、爽身迎新之意。民间还有这样一些童谣："小孩小孩你别馋，过了腊八就过年。""腊八粥喝几天，哩哩啦啦二十三，送完灶王就到年。"老北京将腊八粥称作"送信儿的腊八粥"，意思就是说，每逢到了腊八，就意味着春节快到了。

不管怎样，上面这些意思都与年终十二月有关，于是人们逐渐将岁终之月称作"腊月"。而农历十二月初八也自然成了"腊八"。到了腊八，春节日近，人们也拉开了过年的序幕。于是从腊八起，家家户户便开始忙于杀年猪、打豆腐、腌腊肉、采年货，年味日益浓厚。

由此看来，腊八节是由古代腊祭逐步演化而来。在华夏漫长的农耕文明史中，自古奉行着"民以食为天"传统的中华民族，很多的风俗习惯也都与此有着密切的联系。于是，五谷丰登之际，人们便认为这是天地诸神以及祖先佑护的结果。"天、地、君、亲、师"，儒家的传统中，这天地神灵是放在第一位的，人们在丰收的节日里举行盛大的仪式，来祭祀掌管风、雨、田、农、门、户、宅、灶、井等的天地诸神以及自己的祖先，这是感恩，也是祈求来年的风调雨顺、五谷丰登，而祭祀结束后，人们还要进行乡宴活动，用刚丰收的五谷杂粮制作成粥（逐渐演变成腊八粥），召集四方亲友聚餐，犒劳自己，共享果实，庆贺丰收，欢度佳节。今天看这样的活动包涵着朴质真诚的情感和道德伦理，当然从天人合一的角度看，其中也富有玄妙有趣的科学性。

除了祭祖敬神、欢庆丰收之外，腊祭这天还有许多其他活动。汉朝时曾规定腊日这天要以猪羊祠社稷，并允许吏民宴饮。晋代在腊日饮祭后，老人儿童还要做藏钩的游戏。《荆楚岁时记》载："岁前，又为藏钩之戏……"这游戏据说是在汉武帝时创制的。汉武帝有个钩弋夫人，据说生下来就两手攥拳，从不伸开。遇见汉武帝时才伸展双手，手中有一钩。武帝娶她回宫，号"钩弋夫人"。《三秦记》载，当时女人仿效钩弋夫人，攥紧双拳，是为"藏钩"。《风土记》更是细致地讲述了"藏钩"的玩法："藏钩之戏，分为二曹，以较胜负。"游戏中人分两组，如果人为偶数，平分对峙，如果是奇数，就让多余的一个作为自由人，称为"飞鸟"。游戏时，一组人暗暗将一小钩（玉钩、银钩等）或其他小物件攥在其中一人的手中，由对方猜，中者为胜。

魏晋南北朝时的腊日，人们要击鼓、戴假面扮傩以逐疫，这是当时治病驱疫的医疗手段之一。《荆楚岁时记》中记载："十二月八日为腊日，谚言：'腊鼓鸣，春草生。'村人并击细腰鼓，戴胡头，乃作金刚力士以逐疫，沐浴，转除罪障。"以金刚力士之威势来驱逐邪神，佑护来年五谷丰登和平安吉祥。这种巫术活动的腊日击鼓驱疫之俗，在今天的湖南新化等地区仍有留存。

到了唐以后，腊祭又有了一项"赐腊"的仪式，即腊日这天，帝王要召群臣赐食口脂、腊脂，谓之"赐腊"。而在宋熙宁以后，宫廷之内亦有腊日赐君臣口脂、面药之礼。范成大有《谢赐腊药感遇之什》诗："鸿宝刀圭下九关，十年长奉玺封看。扶持蒲柳身犹健，收拾桑榆岁又寒。天地恩深双鬓雪，山川途远一心丹。疲癃疾苦今何似？拜手归来愧伐檀。"一个封建时代忠直之臣的拳拳之心由此可见。当然"日暮汉宫传蜡烛，轻烟散入五侯家"，皇帝"赐腊"的恩典是不会照耀普通百姓之家的，于是"腊日"又有一个别称"王侯腊"。

下面再说腊祭日期的变迁。腊八节由腊祭之俗发展而来，但腊祭起初并不一定在腊月初八这天举行。从商代开始，我国各地便有了年终祭祀的风俗，但直至秦朝，才将农历的十二月作为岁终的"腊月"固定下来，并将腊祭之日定为法定节日——腊日。《史记·秦本纪》中记载"惠文君十二月初腊"，这一天要举行盛大的庆典来祭祀上苍神灵，腊祭于是成为定例，只是日期还不固定，有时月初，有时月末。我们说《古今事物考》中提到"冬至后三戌为腊"，《说文》也说"冬至后三戌日腊祭百神"，冬至后三戌正好是腊月初八，可见直到汉代，"腊日"即"腊八"才得以明确。到了南北朝，人们在"腊八"不仅祭祀天地神灵，还要供奉祖先，祈求丰收和吉祥，据说当时腊祭所祀之神有八种，这也是所以称为"腊八"的又一层内涵。而腊祭也终于定在"腊八"并流传下来，成为今天的腊八节。

在佛教里，腊八节又谓之"成道节"、"成道会"。据说佛教创始人释迦牟尼成佛之前，曾静坐深山，绝欲苦修六载，因此形销骨立、体虚神衰。某日他到尼连禅河沐浴后，饿昏倒地，恰遇一牧羊女施粥相救，释迦牟尼恢复体力后，继续盘腿坐于菩提树下苦思静修，终在十二月初八日觉

悟正法、得道成佛。佛家于是将此日定为"佛成道日",并在这一天举行盛大的法会纪念活动。这个说法可以看出在人类文明的进程中,不同信仰和文化的交流和融合。

(二) 腊八文化

经过数千年的流传和积淀,腊八节与其他传统节日一样具有丰富的民族文化内涵。新文化运动至今,我们对传统文化的认识几经改变和调整。随着经济的发展和生活的改善,人们愈发认识到传统文化的宝贵,"取其精华,去其糟粕",汲取祖先文化遗产中的优秀成分,建设社会主义特色的新文明,已是一个责无旁贷的课题。我们熟悉而陌生的"腊八"也正是这样一个载体。

腊八文化蕴含着民族主义和爱国主义,过腊八节,了解、享受传统的民俗文化,不仅可以丰富我们的文化生活,还可以增强民族自信心和自豪感,增强凝聚力,提高爱国热情。腊八节中需要敬天祭祖,反映了中国文化中敬天保民的传统理念,敬天的实质就是对大自然的敬畏,对大自然法则的遵循,体现了天人合一的哲学观点,这和我们今天倡导的和谐是相通的,这种追求和谐与和平的理念正成为世界和时代的潮流。回首环境的过度开发、污染等教训,说明我们的优秀文化不能丢弃。保民与现在的重视民生工程其实也有着实质的相通。只有尊重和学习传统文化中的有益成分,我们的民族文化的作用才能得到弘扬,民族复兴的伟大目标才能实现。

同时,"腊八"等传统节令中,还有勤俭节约、助人为乐等中华民族的传统美德包蕴其中,通过对节日的回味也可以增强对传统文化的学习。"只有民族的,才是世界的",腊八等节令文化是我们鲜活的传统文化瑰宝,是我们走向强盛的文化根基。

二、腊八传说多趣味，文化深厚腊八节

关于"腊八"的故事传说大致有四类：祭祀类、神道类、传说类、教育类。

（一）祭祀类

祭祀类的传说，主要有"神农始作"、"祭祀八神"、"祭祀祖先"三种说法。

（1）神农始作

民以食为天，中华民族能够长久屹立于人类文明之林，离不开我国灿烂的农耕文明，正是曾经先进发达的农业造就了中华民族的繁荣和悠久历史！"腊八"之源可追溯至炎帝神农氏，炎帝发明了农具，亲尝百草、树艺五谷，为我国农业的发展奠定了基础，中华民族于是得以血脉相传、源远流长。《易经·系辞》说："神农氏作，斫木为耜，揉木为耒，教民树艺五谷。"耒是犁柄，耜是犁铲，翻田耕种，收成五谷。赵岐注说："五谷者，谓稻、黍、稷、麦、菽也。"五谷收成后，炎帝神农氏于年终举行祭祀活动以告上苍，现在还流传下来这样带有巫术色彩的祝辞："土反其宅，水归其壑，昆虫毋作，草木归其泽。"

《礼记》上说："伊耆氏始为蜡。蜡也者，索也。岁十二月，合聚万物而索飨之。蜡之祭也，主先啬而祭司啬，祭百神以报啬也。飨农，以及邮表畷、禽兽等，仁之至，义之尽也。"文中的伊耆氏也即神农氏。先啬，始教民以稼穑者。司啬，主管农业者。仁，不忘恩而报答之。义，有功劳必报答

之。由此可见，神农氏不仅开创了我国古代以农业立国的根本，而且最早进行"蜡祭"以告上苍，拉开了我国古代年终蜡祭风俗的序幕。由于"蜡"与"腊"同音，随着时间的流逝、历史的变迁，人们便逐渐将"蜡祭"称作"腊祭"了，而腊祭正是腊八节的前身。

(2) 祭祀八神

在古代农业社会，每当农业生产获得丰收，人们便认为这是天地诸神及祖先护佑的结果，于是便要在年终举行盛大的祭典，以感恩告慰神灵祖先，并祈求来年风调雨顺、五谷丰登。据说腊祭所祀之神正好是八位，因此腊八之说便逐渐流传开来并成为一个传统的民间节日——腊八节。

关于腊八所祀八神，我国流传着两种说法。

一是指掌管农事的八位神灵，即先啬神、司啬神、农神、表辍神、水庸神、猫虎神、坊神和昆虫神。《礼记·郊特牲》说："八蜡以祀四方。"郑玄注说："蜡有八者：先啬，一也；司啬，二也；农，三也；邮表辍，四也；猫、虎，五也；坊，六也；水庸，七也；昆虫，八也。"由于祭祀八神包含有八个方面的内容，因此祭祀八神又被称作"八蜡"或"蜡八"，而蜡八常常是由一国之主的君王带领臣民举行，因此其又被称作"天子大蜡八"。

二是指掌管岁收丰俭的八谷星君，这在《晋书·天文志》一书中有记载："五车五星，其西八星曰八谷，主候岁八谷丰俭。"所谓八谷星，《本草·注》曾解释说，八谷是指"黍、稷、稻、粱、禾、麻、菽、麦"。《大象赋·注》则表示，八谷是"稻、黍、稷、大麦、小麦、大豆、小豆、粟、麻"。而《宋史·天文志》认为："八谷八星，在华盖西，五车北。武密曰：主候岁八谷丰俭。一稻，二黍，三大麦，四小麦，五大豆，六小豆，七粟，八麻。"虽然古人对于八谷的定义略有出入，但祭祀八神的传说一直影响着后人，因此民间便留下了"腊八"的说法。

(3) 祭祀祖先

《玉烛宝典》云："腊者，猎也，猎取禽兽以祭先祖，重本始也。"意思是说古人常在岁终时外出打猎，将获取的野物拿来供奉先祖。这表达了我国古代先民"慎终追远"的文化传统，人们不忘祖先勤俭之美德，更想通过腊祭祈求先祖护佑家人平安，并期盼先祖带来丰衣足食的好年景，因此每到年终之时，都会举办大型的"祭祖"活动，通过对祖先的祭奠来表达感恩之情，以及对美好生活的向往与渴望。当时，祭祀祖先称为"腊"，祭祀神灵称为"蜡"，因为是一同供奉，所以人们统称"蜡腊"、"腊祭"，这就是后人所说的"腊八"。

（二）神道类

(1) 佛祖修行

如前文所说，腊八节又叫做佛成道节。传说在古印度北部，即今天的尼泊尔南部，当时的迦毗罗卫国有个净饭王，他有个儿子叫乔答摩·悉达多，也就是后来的释迦牟尼佛。其出生的年代正值我国春秋战国时期，约与孔子同一时代。一天，太子出宫游玩，见到众生受生老病死等痛苦折磨，顿觉人世无常，想到人纵然长命百岁，荣华富贵也如同过眼烟云，转瞬即逝。即使自己身为太子，也不可能不变老、不生病，最后大限一到，那些臣民、妻儿以及所有的珍宝都不可能带走，正所谓生不带来，死不带去，所有的这一切都是抓不住的，更谈不上永恒。为此他认为这个世间苦海无边，期望探寻到一个不生不灭的新境界。再加上他又不满当时婆罗门的神权统治，于是，乔答摩·悉达多在 29 岁那年，舍弃了王族的奢华生活，出家修道。

出家后他曾在雪山苦行修习六年，每天只吃一麻一麦，甚至七日食一麻米，以至"身形消瘦，有若枯木"，终于在某日到尼连禅河沐浴后，饿昏倒地。醒后

他找来杂粮，掺着野果，用清泉煮粥，填饱了肚子。此时恢复体力的他，继续在菩提树下苦思静修，并终于在公元前525年，我国农历十二月初八这天觉悟正法，得道成佛，并创立了佛教。佛教徒为了纪念释迦牟尼成佛，铭记他所受的苦难，便于每年腊月初八以各种形式予以纪念，《百丈清规》卷二中就有记载："腊月八日，恭遇本师释迦如来大和尚成道之辰，率比丘众，严备香花灯烛茶果珍馐，以申供养。"其中熬粥供佛成为常仪。后来这种风俗传到民间，得到虔诚民众的认同，"佛成道节"就逐渐演变为了"腊八节"。

（2）牧羊女救佛

关于腊八节的佛教传说还有一种说法。据传释迦牟尼佛本是迦毗罗卫国的王子，为寻求人生真谛与生死解脱，毅然舍弃王位出家修行。一天，他来到北印度的摩揭陀国，此地人烟稀少，一片荒凉。他又累又饿，酷热难熬，昏倒在地。幸好一位牧羊女从此地路过，用自己所带的杂粮加上野果，煮成乳糜样的稠粥喂他，才使他恢复了体力。

获救后，释迦牟尼便找到一棵菩提树，在树荫下结草打坐，并发誓愿："今若不证无上菩提道，宁可碎此身而终不起于座！"经过六天六夜的思考，释迦牟尼陆续证得了宿命通、天眼通、他心通等六种神通，而且逐渐领会到人生痛苦的原因以及灭除痛苦的方法等真谛，并得到对宇宙人生真实的感悟。但这也惹得魔王波旬极大地不安，先后用魔军威吓，派三个妖艳的女儿前去诱惑等手段去阻挠释迦牟尼成佛，但均不奏效。最终，释迦牟尼在第七天早晨，也就是腊月初八这天，看到初升的太阳时，终于大彻大悟，就此觉醒为圆满的佛陀。

这是"佛成道日"来历的另一种说法。为此每逢腊八各地佛寺都要举行浴佛会，效仿释迦牟尼成道前，牧女献乳糜的传说故事，用香谷、果实等煮粥供佛，并将此粥赠送给门徒及善男信女们享用。陆游诗曰："今朝佛粥更相馈，反觉江村节物新。"传说吃了"佛粥"，可得到佛祖的保佑。

(3) 积粮积德的布袋和尚

从前苏州有一个西园寺，和尚有五六百人之多。有一天，身背布袋名叫阿二的和尚来到西园寺，当了一名"火头僧"。他不仅每天挑水、烧火、做饭，而且还有一个好习惯，就是一边烧火，一边注意稻秆、秫秸上是否还有没打净的粮食，见到了就采摘下来用手搓去皮放入布袋。时间一长，五花八门的粮食也聚了足有三百多斤。有一年的腊月初八，寺里的道场十分红火，老和尚、管钱粮的和尚都去大殿唱经了，忘了开仓取粮。没有粮食就不能按时开饭，又不能擅闯经堂找管钱粮的和尚。这时他想到了布袋，高兴得叫了起来——有办法了，随即用多年来积攒的粮食煮一锅粥。午餐时和尚们纷纷进入斋堂，见饭盒里盛的既不像粥，也不像饭，更不是菜，心里很不高兴。但和尚们一尝这粥却觉得美味无比，禁不住人人抢着吃。寺里的老当家很奇怪，询问"火头僧"，他照实一说，老当家动情地双手合十地说："阿弥陀佛！善哉！善哉！爱惜粮食功德无量！"以后每年腊月初八寺院里的和尚们都吃这样的粥，以称赞煮饭和尚的节约精神。后来，这种做法传到民间，就成了吃"腊八粥"的风俗了。

(4) 扮傩打鬼

关于腊八节，民间还有一个传说，跟上古五帝之一的颛顼氏有关。颛顼是皇帝的曾孙，因为聪明能干而得到了皇帝的神座。他有三个儿子，但一生下就都死掉了，一个去了"江水"，变做"疟鬼"，专门传播疟病，害人发冷发热；一个去了"若水"，化做"魍魉"，专门仿效人的声音，扰人心魄；还有一个变成"小鬼"，常常躲在人们屋内的角落，不但让人生疮、害病，还不时吓唬小孩子。这三种虽不算"恶鬼"，却都是"害鬼"，都被列入方相氏驱逐鬼疫的黑名单。

方相氏是个由人装扮的威武鬼王，头套一个大面具，四只用金箔做成的眼睛，熠熠生光，背披熊皮、黑衣、红裤，右手执戈，左手握盾。每年十二月初八这一天，他便要带领十二名十岁以上、十二岁以下的儿童，扮成十二只稀奇古怪的怪兽，震天慑地地唱歌吓唬

鬼魅虫蛊，把制造疾病灾害的鬼魅，驱赶到偏远的地方。这个腊八驱鬼避疫的仪式叫作"傩"，乡民们在扮傩的同时还要敲击腊鼓，以象征驱逐瘟疫，保泰平迎新春。

扮傩击鼓逐疫的仪式由来已久，论语中就有"乡人傩"的记载。《吕氏春秋·季冬记》："命有司大傩。"高诱注为："今人腊岁前一日，击鼓驱疫，谓之逐除是也。关于鸣腊鼓的风俗，《荆楚岁时记》中有记载："十二月八日为腊日。谚语'腊鼓鸣，春草生'，村人并击细腰鼓，戴胡头，以逐疫。"其中"胡头"即假面具，戴上可以恐吓疫鬼。现在湖南地区还有傩这种巫术形式的留存。

另外，当时的人们还认为，引起疫情的鬼怪们虽然天不怕地不怕，但唯独畏惧赤豆。故腊八这天，人们便会用红豆、赤豆熬粥，以此祛疫迎祥，这就是所谓的"赤豆打鬼"。

（三）传说类

（1）悼念长城劳役

秦朝修长城时，工匠常年辛苦劳作，却连朝廷的一米一饭都得不到，吃用全靠家里人运送而来。有些人因为家庭过于遥远或贫穷，口粮无法及时地送到，只好挨饿受冻。有一年的腊月初八，许多工匠都断了粮，于是大家翻箱倒柜、搜寻粮袋，将四处寻得的豆、米等各种粮食汇聚到一起，终于勉强熬制成了一锅杂粮粥，虽然暂时填饱了肚子，但最后还是有不少人在寒风中饿死了。为了纪念他们，同时也为提醒后来的统治者莫再劳民伤财、苛政暴役，人们便形成了在腊八这天吃腊八粥的风俗，这是纪念、警示，也是一种忆苦思甜。

（2）纪念民族英雄岳飞

《武林旧事》中说："十二月八日，即寺院与人家用胡桃、松子、乳蕈、柿、栗之类作粥，谓之'腊八粥'。亦叫'五味粥'或'八宝粥'。"传说，岳飞遭奸臣秦桧诬陷，不但被朝廷克扣军粮，还被连续十二道金牌召回京城。岳飞班师回朝，行至半途时给养不足，沿途百姓闻讯后，纷纷送上粥饭，岳家军混合而食，勉强渡过难关，而这天正好是腊月初八。岳飞被害后，每年腊月八日，百姓都会煮腊八粥，以表达对岳飞和岳家军的怀念之情。

(3) 朱元璋忆苦思甜

明朝开国皇帝朱元璋小时候家里极其贫穷，父母只好送他到一户非常刻薄和凶狠的地主家去放牛糊口，以减轻家里的负担。有一天，朱元璋牵着老牛过桥时，牛儿一脚踏空，跌下桥去并摔断了腿。地主于是暴跳如雷，不仅暴打了他一顿，还将他关进了一间黑屋里。这一关就是三天三夜，朱元璋粒米未沾，滴水未进，直饿得眼冒金花。正当他绝望之际，一只老鼠从他前面窜过，钻到一个洞里。他于是顺着鼠洞挖下去，竟然找到了黍米菽麦麻豆等食物，朱元璋于是搬出角落里的破铁锅，把这些东西凑在一起，和着屋里的积水烧成了一锅杂七杂八的粥，狼吞虎咽地将粥一口气吃了下去，才算保住了性命。

后来，朱元璋怀着对地主的深仇大恨，加入了农民起义军。凭着敢打敢拼，作战勇猛，朱元璋最后推翻了元朝统治，自己当上了皇帝，建立了明朝。忽然有一天，朱元璋想起了小时候掏鼠洞煮粥喝的往事，觉得自己不应该忘记过去的苦日子，这样才能励精图治，国泰民安。于是他命令宫廷御厨用各种粮食熬成一锅粥，赐予文武百官和妻子儿女们一同品尝，告诫他们荣华富贵之时不能忘掉创业的艰辛。皇帝这一忆苦思甜的行动后来传入民间，上行下效遂成腊八的习俗。

（四）教育类

(1) 幡然醒悟有宝娃

西晋时有个叫宝娃的人，妻子叫腊花。宝娃十分懒惰，游手好闲，坐吃山空，不久便把父母留下的家产糟蹋殆尽。妻子腊花屡加劝诫，宝娃都置之不理，依旧我行我素。眼看到了这年的十二月

初八，家家户户都开始备办年货，而宝娃囊中空空，可怜到家里连点口粮都没有了。面对这样的窘困，美丽的腊花不禁满面泪水，宝娃见此也不禁羞愧内疚起来。还是热心的乡邻帮助宝娃渡过了难关。他们东一碗米，西一碗豆，给宝娃家送来了各种粮豆。腊花将大家送来的粮豆合到一起，熬了一锅粥，算解决了眼前的困难。从此以后，宝娃苦思悔过，狠下心痛改前非，不但勤奋劳动，而且生活节俭，很快便富裕了起来。妻子腊花每逢腊八就熬杂粮粥，为的是让宝娃记住前车之鉴，永不再犯。后人为了教育子女，便形成了吃腊八粥的风俗，以砥砺勤俭奋斗的美德。

（2）败家凄身张家子

这个故事比宝娃的故事更凄惨、深刻：传说有个张姓富翁老年得子，因此对儿子过分地溺爱，张家少爷从小染上了好吃懒做的恶习。父母过世后，张少爷无人看管束缚，更是肆无忌惮地挥霍浪费，转眼就成了一个穷光蛋。加上他又无一技之长，不能自给。到了腊八这天，北风呼啸，穷少爷饥寒交迫，遍搜家中的米缸、面袋，坛坛罐罐，好不容易划拉出一些残米剩面，陈年碎食，于是哆哆嗦嗦将其放入锅内熬粥充饥，但粥未熬好，便冻饿死掉了。这有点像我们小时候学的"寒号鸟"的故事，于是，后人为了记住这个血的教训，就形成了腊月初八弄些杂粮杂豆熬粥吃的风俗，以警示人要勤劳俭朴，否则连粥也没得喝，只能饿死路边。

三、小小腊粥花样多，九州方圆品腊八

腊八节最为人们熟悉也最普遍的习俗便是喝腊八粥了。这小小的腊八粥因为历史的积淀和地域的不同变得花样极其丰富。

（一）源远流长粥文化

起初，腊八节喝"腊八粥"的习俗只不过是祭祀供佛活动中的一个子项目。历史典籍中显示，从腊八节的创立直至汉朝时期，农历十二月初八这天的活动虽多，但关于"腊八粥"却尚无任何确切的记载。

受佛教以农历十二月八日为佛祖生日的影响，从唐朝开始，腊八粥才在佛家经卷中所记载的"腊会"(喝粥的集会)中出现，但此时的"腊八粥"还仅仅限于佛教徒食用。在古代，僧人们手持钵盂下山宣讲教义，上街挨户化斋，老百姓们东家一把米，西家一把粟，有的给枣，有的给花生，用以表达他们的敬意和善意。到了腊八的时候，僧人们便将化斋得来的各种杂粮放在一起熬煮，除了供佛和自己食用之外，还将粥分舍给寺外的善男信女，所以又称腊八粥为佛粥、福寿粥或福德粥。如今，在少林寺等一些悠久的名山宝刹还保留着腊八施粥的风俗。据说，少林寺的腊八粥配方在金、元时已经完善，是禅医的秘制，要精挑细选粳米、糯米、薏米、黑米、五行豆(红豆、黄豆、绿豆、黑豆、芸豆)、莲子、红枣、百合、桂圆、枸杞、山药、山楂等原料，精心熬制方成，这也可见佛家取之于人用之于人的虔诚。

除了受佛家的习俗影响，其实我国也有源远流长的粥文化。《礼记·檀弓》曰："食粥，天下之达礼也。"而将腊八和粥联系起来，大概是到了宋朝，大诗人陆游有一首《食粥》的诗写道："世人个个学长年，

不悟长年在目前。我得宛丘平易法，只将食粥致神仙。"可见当时食粥的讲究。在《东京梦华录》中出现了这样的文字："十二月初八日，大寺作浴佛会，并送七宝五味粥与门徒，谓之腊八粥。都人是日各家亦以果子杂料煮粥而食也。"吴自牧也在《梦粱录·卷六》里提及："八日，寺院谓之'腊八'。大刹寺等俱设五味粥，名曰'腊八粥'。"自此，"腊八粥"才有了确切而详细的记录。从周密《武林旧事》中"寺院及人家用胡桃、松子、乳蕈、柿、栗、粟、豆之类作粥，谓之腊八粥"，我们不仅可以知晓当时腊八粥的材料，还可了解到腊八粥的习俗已经"飞入寻常百姓家"，并逐渐成为人们庆贺腊八节的重要节目之一。

腊八粥发展到元朝，当时的人们为了驱寒和辟邪，均喜好在粥里加入红小豆，因此腊八粥又被叫做"红糟"和"朱砂粥"，在腊月初八这天，上至皇帝嫔妃、高官富贾，下至贫民百姓，都会煮一碗热气腾腾的腊八粥欢庆腊八节的到来。时人有诗云："腊月皇都飞腊雪，八日朱砂香粥啜。鼎馔豪家儿女悦，丰充羊醴（甜酒）劳烹切。"由于腊八粥在人们心目中的地位愈来愈重，统治者甚至开始将腊八赐粥作为笼络人心的手段。元人孙国敕在《燕都游览志》中说："十二月八日，赐百官粥，以米果杂成之。品多者为胜。"

前文腊八的起源当中，相传腊八粥的由来与明太祖朱元璋有关，传闻中提起，皇帝在腊月初八要向文武百官赏赐宫内熬煮的腊八粥。既然腊八粥的地位已经上升到节日期间帝王招待大臣的"圣餐"，其用料自然会十分讲究，有著名文人刘若愚《酌中志》一书为证："初八日，吃'腊八粥'。先期数日将红枣槌破泡汤。至初八早，加粳米、白米、核桃仁、菱米煮粥，供佛圣前，户牖园树、井灶之上，各分布之。举家皆吃，或亦互相馈送，夸精美也。"

到了清朝，"腊八粥"变得更加隆重，"每至腊七夜就开始熬粥，武火烧开，文火慢煨，直至次日腊八之晨。天明时腊八粥煮好，供佛祭祖后，分馈亲邻"。不仅熬煮程序有严格规定，其选料也更加讲究。清人富察敦崇在《燕京岁时记》里则称："腊八粥者，用黄米、白米、江米、小米、菱角米、栗子、去皮枣泥等，和水煮熟，外用染红桃仁、杏仁、瓜子、花生、榛穰、松子及白糖、红糖、琐琐葡萄以作点染，切不可用莲子、扁豆、江米、桂圆，用则伤味。"

北京雍和宫有一口高约一米五、直径约两米的大铜锅，据传便是以前清朝专门用来煮腊八粥的。据记载，雍正三年(1725年)世宗将北京安定门内国子监以东的府邸改为雍和宫，每逢腊八日，在宫内万福阁等处，用锅煮腊八粥并请来喇嘛僧人诵经，然后将粥分给各王公大臣，品尝食用以度节日。

《光绪顺天府志》又云："每岁腊月八日，雍和宫熬粥，定制，派大臣监视，盖供上膳焉。"其煮粥仪式有一定之规：初一领料，初二至初五送达雍和宫，初六过秤分料，每锅粥要用各种米、豆十二石，大枣等干果百余斤，初七上午淘米、泡干果，下午点火熬粥。每年熬五锅粥，第一锅供佛，第二锅进贡，第三锅送王公大臣及庙里大喇嘛，第四锅送在京文武百官及京外封疆大吏，第五锅供众喇嘛食用和在庙外舍给市民一些。于此，夏仁虎还有首《腊八》诗："腊八家家煮粥多，大臣特派到雍和。圣慈亦是当今佛，进奉熬成第二锅。"诗虽有溜须奉承之嫌，却印证了清代的这一风习，因为圣恩浩荡，这腊八节的腊八粥也变得尤其珍贵。

(二) 杂七杂八腊八粥

腊八粥又名五味粥、七宝粥。五、七自是概说，事实上说"杂七杂八腊八粥"并不为过，这杂七杂八所体现的是多味和营养，或许这也是我们今天杂粮饮食的最早依据吧。

通常腊八粥是用各种米（糯米、大米、玉米、黄米、高粱米、黑米）、各类豆（芸豆、赤豆、绿豆、大豆、豇豆、扁豆）、不同干果（大枣、板栗、杏仁、花生、核桃、百合、桂圆、莲子、芝麻、青红丝），杂以豆腐、薯芋、肉品、蔬菜等熬煮而成。

最早的腊八粥是用红小豆来煮，后来在流传过程中经过丰富多彩的演变。

《鸡肋篇》上说："宁州（今辽宁复县一带）腊月八日，人家竟作白粥，于上以林栗之类，染

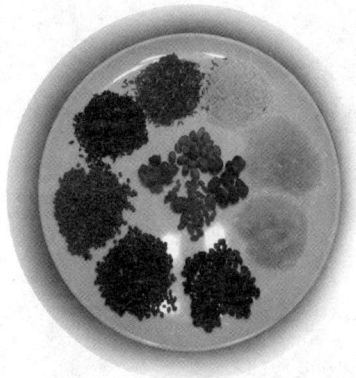

以众色，为花鸟象，更相送遗。"

南宋文人周密撰《武林旧事》云："用胡桃、松子、乳覃、柿、栗之类作粥，谓之腊八粥。"

《金瓶梅》中有："（苏北）粳米投着各样榛、松、栗子、果仁、梅桂、白糖粥儿。"

《明宫史》说道："（明宫内）前几日将红枣捣破泡汤，至初八早，再加粳米、白果、核桃仁、栗子、菱米煮粥，供于佛圣前，并于房牖、园树、井灶之上，各分布所煮之粥。"

《清嘉录》写有："（苏州）居民以菜果入米煮粥，调之腊八粥。"

这腊八粥的丰富多样，很容易让人联想到我国传统文化对农业的依赖以及先民由粮食丰收所带来的喜悦。当然百味杂陈的腊八粥也是极富营养的，这正符合我们现代人健康养生的口味，所以今天的腊八节吃腊八粥更加风行。

（三）精美的腊八食雕

中国的食雕源自我们悠久多样的祭祀文化，腊八粥的食雕就是其中之一。清人富察敦崇在《燕京岁时记》里则称："腊八粥者……每至腊七日，则剥果涤器，技夜经营，至天明时则粥熟矣。除祀先供佛外，分馈亲友，不得过午。并用红枣、桃仁等制成狮子、小儿等类，以见巧思。"

这些就是指那些讲究的人家，熬制腊八粥时会将各种瓜果雕刻成人形、动物等各种花样放在锅中煮，其中最有特色的就是在腊八粥中放上"果狮"。果狮是用几种果子做成的狮形物，先用剔去枣核烤干的脆枣作为狮身，再拿半个核桃仁作为狮头，然后把桃仁作为狮脚，以甜杏仁为狮子尾巴，最后用糖粘在一起，放在粥碗里，活像一头生机勃勃的小狮子。如果碗较大，还可以摆上双狮或是四头小狮子。腊八粥熬好之后，要先敬神祭祖，之后才能赠送亲友，而且一定要在中午之前送出去，最后才是全家人食用。在祭祀祈福之意的表达中，这种既好吃又好看的食雕腊八粥也体现了我们民族的巧慧，颇为可爱。

随着时代的发展，花样越来越多的腊八粥已发展成具有地方风味的小吃。人们在品味丰富的文化意味的同时，更是在享受色味俱佳、营养丰富的节令美食。

（四）　十里不同腊八粥

我国幅员辽阔，民族众多，这种地域和民族文化的差异也使得腊八粥的配料和口味变得非常丰富，小小的腊八粥，简直成了一道包罗万象又精致讲究的饮食艺术。

我们先来看看北方的腊八粥：元明清以来，北京一直是我国的政治文化中心，所以北京的腊八粥也很有融合丰富的代表性。北京将腊八粥称为"八宝"，说到这儿，大家也会恍然大悟，原来我们经常购买的"八宝粥"原来就是腊八粥啊。北京对这"八宝"讲究的是一个原则：丰富，这也体现出了北方文化的大气和包容，毫不挑剔。于是搀在白米中的配搭可谓五花八门，如红枣、莲子、核桃、栗子、杏仁、松仁、桂圆、榛子、葡萄、白果、菱角、青丝、玫瑰、红豆、花生……总计不下二十种。每到腊月初七的晚上，一家人纷纷开始准备，洗米、泡果、剥皮、去核、精拣，然后在半夜时分开始煮，再用微火炖，一直炖到第二天的清晨。再讲究些的人家，就会制作我们上面提到的食雕放在锅中煮。

陕西是我国古代的政治中心，虽同为北方，但更多了些西北民族的特色。到了腊八这天，熬粥除了用多种米、豆之外，还得加入各种干果、豆腐和肉混合煮成。通常是早晨熬煮，或甜或咸，依人口味自选酌定。倘是午间吃，还要在粥内煮上些面条，全家人团聚共餐。陕西人把腊八粥称作杂合粥，分"五味"和"八味"两种。前者用大米、糯米、花生、白果、豆子煮成。后者用上述五种原料外加大肉丁、豆腐、萝卜，另外还要加调味品，可见是荤素之别。这陕西的腊八粥跟那北京的一比，倒显得北京口味纯粹了很多。想想盛唐的长安城，

世界第一，万国来朝，这陕西之地的杂糅和融合自然不是其他地方能比的。羊肉泡馍、饸饹、胡辣汤这种唯恐味道不全的多民族的饮食习惯也自然影响了一道小小的腊八粥。

据说，陕西的腊八粥不要蔬菜，而甘肃人就不同，腊八粥里不仅要有五谷，蔬菜更是不可或缺，煮熟后除家人吃，还分送给邻里，还要用来喂家畜。在兰州、白银市地区，腊八粥煮得很讲究，用大米、豆、红枣、白果、莲子、葡萄干、杏干、瓜干、核桃仁、青红丝、白糖、肉丁等煮成。煮熟后先用来敬门神、灶神、土神、财神，祈求来年风调雨顺，五谷丰登；再分给亲邻，最后一家人享用。

河南的腊八粥，是小米、绿豆、豇豆、麦仁、花生、红枣、玉米特等八种原料配合煮成，熟后加些红糖、核桃仁，粥稠味香，喻意来年五谷丰登。山东"孔府食制"中，规定腊八粥分两种，一种是用薏米仁、桂圆、莲子、百合、栗子、红枣、粳米等熬成的，盛入碗里还要加些"粥果"，就是水果食雕。这种粥专供孔府主人及十二府主人食用。另一种是用大米、肉片、白菜、豆腐等煮成的，是给孔府里当差们喝的。

与河南、山东一样，山西也是个文化传统丰富的地方。就腊八粥而言，山西各地又呈现出不同的食俗。虽然大部分地区以小米为主，佐以豇豆、小豆、绿豆、小枣、粘黄米、大米、江米等共煮。但在山西东南部分，人们腊月初五即用小豆、红豆、豇豆、红薯、花生、江米、柿饼，合水煮粥，又叫甜饭。

南方因作物、饮食风味的差别，在腊八粥的配料和制作上与北方又有所差别。江苏地区的腊八粥分甜咸两种，煮法一样。只是咸粥是加青菜和油。苏州人煮腊八粥要放入茨菇、荸荠、胡桃仁、松子仁、芡实、红枣、栗子、木耳、青菜、金针菇等。正如清代苏州文人李福曾的诗中所说："腊月八日粥，传自梵王国。七宝美调和，五味香掺入。"浙江的腊八粥据说是从江苏南京传过来的，所以与江苏多有相似又有所创新。一般都用胡桃仁、松子仁、芡实、莲子、红枣、桂圆肉、荔枝肉等，香甜味美，食之祈求长命百岁。

从东到西，"君住长江头，我住长江尾"，虽是同饮一江水，位居内地的四川与江浙又多有不同。四川山多地大，民族众多，腊八粥的做法也五花八门，甜咸麻辣，百味俱全。一个突出的特点就是：杂，就像四川流行的火锅一样。有吃咸味的，主要是用黄豆、花生、肉丁、白萝卜、胡萝卜熬成的；有吃甜粥的，这也反映了民族文化的丰富多样。

（五）腊八粥与养生

俗谚说：天天一碗营养粥，不劳郎中来奔走。腊八吃粥，可谓营养多多，好处多多，但选料和烹煮过程极为讲究。食粥可以延年益寿，粥是世间第一补人之物。《本草纲目》称，食粥可以益气、生津、养脾胃、治虚寒。

（1）极为讲究的选料

腊八粥的主要原料为谷类，常用的有粳米、糯米和薏米。粳米含蛋白质、脂肪、碳水化合物、钙、磷、铁等成分，具有补中益气、养脾胃、和五脏、除烦止渴、益精等功用。糯米温脾益气，适于脾胃功能低下者食用，对于虚寒泄利、虚烦口渴、小便不利等有一定辅助治疗作用。中医认为薏米具有健脾、补肺、清热、渗湿的功能，经常食用对慢性肠炎、消化不良等症也有良效。富含膳食纤维的薏米有预防高血脂、高血压、中风及心血管疾病的功效。

豆类是腊八粥的配料，常用的有黄豆、赤小豆。黄豆含蛋白质、脂肪、碳水化合物、粗纤维、钙、磷、铁、胡萝卜素、硫胺素、核黄素、尼克酸等，营养十分丰富，并且具有降低血中胆固醇、预防心血

管病、抑制多种恶性肿瘤、预防骨质疏松等多种保健功能。赤小豆含蛋白质、脂肪、碳水化合物、粗纤维、钙、磷、铁、硫胺素、核黄素、尼克酸等，中医认为本品具有健脾燥湿、利水消肿之功，对于脾虚腹泻以及水肿有一定的辅助治疗作用。

不可小看腊八粥中果仁的食疗作用，花生和核桃是不可缺少的原料。花生有"长生果"的美称，具有润肺、和胃、止咳、利尿、下乳等多种功能。核桃仁具有补肾纳气、益智健脑、强筋壮骨的作用，还能够增进食欲、乌须生发，核桃仁中所含的维生素E更是医药学界公认的抗衰老药物。

如果在腊八粥内再加羊肉、狗肉、鸡肉等，就更使腊八粥营养滋补价值倍增。对于高血压患者，不妨在粥里加点白萝卜、芹菜，对于经常失眠的患者，如果在粥里加点龙眼肉、酸枣仁将会起到很好的养心安神的作用，何首乌、枸杞子具有延年益寿的作用，对血脂也有辅助的调节作用，是老年人的食疗佳品。燕麦具有降低血液中胆固醇浓度的作用，食用燕麦后可减慢血糖值的上升，在碳水化合物食品中添加燕麦后可抑制血糖值上升，因此对于糖尿病以及糖尿病合并心血管疾病的患者，不妨在粥里放点燕麦。大枣也是一种益气养血、健脾的食疗佳品，对脾胃虚弱、血虚萎黄和肺虚咳嗽等症有一定疗效。

（2）程序火候要精到

以河北人做腊八粥为例。为了做出黏糊、地道、美味、营养的效果。腊八节的前一天，就要提前把白芸豆用清水泡上，泡发直到胖大饱满；白莲子要用热水涨发，去绿色芯；栗子要去掉硬壳和内衣。依此类推，其他一些干杂粮都要提前一天泡好、处理干净，以备第二天能及时用到。熬制过程中，因为配料的质地、物性有差别，所以下锅时要讲程序，这有点像熬药膳。首先下锅的是白芸豆，这个最难煮，下锅煮20分钟后，再依次加入大米、糯米、麦仁、葛仙米、小枣及饭豆，这时需加大火煮沸，然后改小火慢煮40分钟，至粥稠豆糯、枣烂时止。粥熟后加蜜桂花、红糖（或先将红糖煮成糖汁，加在粥中）拌匀即成，这样煮出的腊八粥黏稠可口，营养均衡。

（3）营养喝法讲科学

糖尿病人以燕麦、荞麦为主料。营养学上，并不主张糖尿病病人过严地限制碳水化合物，但要选用血糖生成指数较低的碳水化合物。专家认为腊八粥中的各种豆很好，能使蛋白互补，而且纤维素较高。许多研究已证实富含膳食纤维的食物可降低血糖，特别是燕麦、大麦和一些豆类所含的可溶性纤维，可在胃内形成黏稠物质，影响葡萄糖的吸收和利用，不会导致餐后血糖突然上升。某些坚果，如花生、榛子、杏仁中的膳食纤维含量也较高，还含有可调血脂、降血脂的不饱和脂肪酸。即便是含淀粉较多的栗子、莲子、芡实的膳食纤维含量也都在1.2%—3%之间，其血糖生成指数也远比精制的米面低。荞麦中含有铬，有加强胰岛素的作用，在临床上用于糖尿病的营养治疗。所以，糖尿病病人可多选燕麦和荞麦作主料。如果想吃甜食，可以放些甜菊糖、木糖醇甜味剂。

老年人晚上喝最适合。老年人应饮食多样化、多吃大豆及其制品，腊八粥符合这些要求。而且腊八粥多在晚上食用，也符合老年人的饮食习惯。大豆中丰富的生物活性物质大豆异黄酮和大豆皂甙，可以抑制体内脂质过氧化，能够预防骨质疏松症。老年人胃肠功能减弱，腊八粥正好软烂易消化，加上粗细搭配，富含膳食纤维，能增加肠蠕动，对预防老年性便秘有一定作用。

中青年应放不同的米。中青年人由于工作量大，活动量大，对能量要求高。许多中年人应酬多，碳水化合物的来源越来越少，不符合中国居民膳食指南中粮谷类应占55%—65%的原则。所以，在腊八粥中不妨多放些富含碳水化合物的米类食品，也可适当多放些栗子、芡实、莲子等既富含淀粉又有一定保健作用的坚果。李教授特别提示，大豆异黄酮对中青年女性非常有好处，它本身是植物雌激素，但它可

以抑制体内雌激素的过多分泌，而体内雌激素的过多分泌可以导致乳腺癌。

肥胖人选高膳食纤维要控制摄入总量。在各种膳食因素中，高脂肪、高碳水化合物膳食是肥胖的直接致病因素。所以，李教授强调，肥胖人士的饮食原则主要是控制食物摄入总量。大量的流行病学研究表明，膳食纤维与肥胖关系密切。因此，肥胖人士应多选择含膳食纤维较高的燕麦、荞麦、大豆、绿豆、豌豆、芸豆等，坚果中可以选一些含油脂较少的品种。当然，还是不要放糖。

孕妇易吃软烂。女性怀孕早期一般早孕反应严重，此时应选择容易消化的食物以减少呕吐，粥就是一种很好的选择，更何况是香糯软烂的腊八粥。孕中期，胎儿生长加快，需要补充能量，同时对铁的需要量增加，而孕晚期则需要加强钙的补充。所以，对准妈妈和新妈妈来说，以下食物可以多考虑一些：糙米中含有大于 100 毫克／千克的钙，花生仁、大豆、黑豆、青豆、枣中都含有较丰富的钙，大豆和坚果中也含有较多的铁。

美容应放核桃、芡实。许多黑色食品都是绝好的美容食品。比如黑米，含有多种维生素和锌、铁、硒等营养物质。中医认为，黑米能滋阴益肾，明目活血。黑豆蛋白质含量高，质量好，还含有丰富的不饱和脂肪酸和钙、铁、胡萝卜素及维生素 B。《名医别录》中有"久食黑豆，好颜色，变白不老"的记载。

四、腊八礼数风习多，不拘一格庆腊八

腊八节本是原始先民庆贺农业丰收的感恩之礼，随着历史变迁，人们不但赋予了腊八节越来越多的意义，也使得腊八的节庆活动更加丰富多彩。除了习见习闻的喝腊八粥，如今常见的腊八风俗还有：祭祀神灵先祖、供奉佛祖、煮五豆、泡腊八蒜、吃腊八面、做腊八豆腐、制腊八豆等等。

（一）祭祀神灵先祖

这是腊八最原始也最根本的礼俗。无论是《礼记·郊特牲》的"伊耆氏始为蜡"，还是应劭《风俗通》"《礼传》：腊者，猎也，言田猎取禽兽，以祭祀其祖也。或曰：腊者，接也，新故交接，故大祭以报功也"的记载，都告诉我们腊八风俗中祭祀之礼的重要。

《风俗通》中记载："上古时有神荼、郁垒，昆弟二人，性能执鬼。度朔山上，有桃树，下常简阅百鬼，鬼无道理者，神荼与郁垒持以苇索，执以饲虎。是故县官常以腊祭夕，饰桃人，垂苇索，画虎于门，以御凶也。"古人伏腊并提，以比寒暑，都是大祭之时，而从这则传说更可看出古时腊祭的隆重堪比今日的春节。

《搜神记》记载着这样一则有趣的故事。汉宣帝时，河南南阳有个叫阴子方的人，他很孝顺，而且积恩好施，尤其有个癖好就是腊八时要祭祀灶神，乡亲们都不解其中缘故。原来，有一年腊日吃早饭，阴子方在灶台看到了灶神现身，当即惊拜。当时子方家只有一头黄羊，于是就用作祭祀灶神的牲礼。子方因为灶神的护佑，成了一方巨富，有田地七百余顷，舆马仆隶，名闻百里，而且越过越富，因富而贵，"家凡四

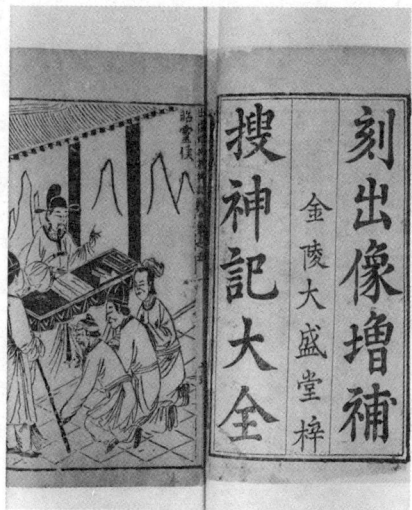

侯，牧守数十"。这个腊日以黄羊祭灶神的习俗虽然没有推广，但我们从中不难看出古人重视祭祀神灵的虔诚之心。

人们希望通过腊八的礼敬神、祭拜祖先，来表达一份对美好生活的朴素的期盼和向往：一年到头了，能够丰衣足食，应该感谢祖先的护佑和天地诸神的帮助啊！于是拿出一年来的丰收果实，供奉祖先神灵，是心灵的尊敬和感恩，也是精神的追思与洗礼。

(二)供奉佛祖

上面我们谈到了腊八的别称"佛成道节"，中华传统文化与西来的佛教文化相互交融，到底是谁影响了谁，已难分解。宋代孟元老《东京梦华录》卷十《十二月》中写道："十二月……初八日，街巷中有僧凡三五人作队念佛，以银铜沙罗或好盆器，坐一金铜或木佛像，浸以香水，扬枝洒浴，排门教化。诸大寺作浴佛会，并送七宝五味粥与门徒……"宋朝的吴自牧于《梦梁录》卷六中载有："八日，寺院谓之'腊八'。大刹寺等俱设五味粥，名曰'腊八粥'。"《永乐大典》亦记述："是月八日，禅家谓之腊八日，煮经糟粥以供佛饭僧。"

可见，腊八节这天寺院僧侣们除了要举行隆重的育经及剃度活动供佛敬佛之外，还会在此前由僧人手持钵盂，沿街化缘，然后将收集来的米、栗、枣、果仁等粮食在腊八这天煮成粥施散给穷人，让黎民百姓得到佛祖的护佑，沐浴到佛祖的恩德。传说在杭州名刹天宁寺内有储藏剩饭的"栈饭楼"，寺僧平时会将剩饭晒干，积攒一年的余粮，到腊月初八这天熬制成粥分赠信徒，难怪腊八粥又被称为"福寿粥"、"福德粥"，来自佛门的馈赠自然多了增福增寿的吉祥，也带着佛门弟子爱惜粮食的美德，带来好运是自然的。

（三）腊八粥外吃俗多

（1）吃腊八面

腊八面流行于关中地区，在陕西渭北一带的澄城地区，每年的农历腊月初八凌晨，家家户户都要用各种果蔬做成臊子，把面条擀好，赶在太阳出来之前做碗腊八面来吃，因为当地有个习俗是"腊八不见红"，意思是说不等红红的太阳出来就要吃腊八面。另外，吃腊八面的时候，还要给家里的鸡、猪、牛、羊、狗喂食腊八面。据说，牲畜只有吃了腊八面才会下蛋生仔；与此同时还要给院子里的果树夹上一筷子腊八面，唯有这样，果树来年结的果子才会又多又大。

据说，这腊八面源自腊八粥。过去在陕西大荔和临潼、凤翔一带，腊八节时人们要煮面敬神，因此叫"腊八面"。起初关中农村的腊八面是用小米、黄豆煮粥下面条，而后用八种蔬菜和肉做成臊子下面条，如今随着生活水平的提高，人们将豆类与菜系相结合，用核桃仁、芝麻、花生米、莲子、青菜、菠菜、黄花、木耳等同面条同煮，调成汤面，营养丰富，十分好吃。

如今的关中地区，仍然流传着这样一句俗语："红白萝卜似疙瘩，母亲叫你吃腊八。"讲的便是腊八面的做法。做"腊八面"前，先要做好"腊八菜"，也叫"腊八臊子"。腊八菜是先将红萝卜、白萝卜、白菜帮子切成又薄又匀的菱形、长条、方片（即前文俗语中所说的"疙瘩"），手巧的还切成周边带花的各种图形，然后以大葱、蒜苗、豆腐、粉条、茴香等调料，通过文火烩在一起，再浇上几滴红艳艳的油泼辣子，顿时香气四溢，让人垂涎三尺。

腊八臊子做好后，接着就是做面了。面条要用上好的白面粉手工和制，擀面时要拿稳放平、用力均匀、先松后紧、先慢后快，富有韵律地一推一压，将面团擀成一张薄薄的面片。然后在摊开的面上撒少许面粉，一层一层均匀地折叠。接着就是切面了，切面时讲究刀尖不离案，刀把缓缓抬，伴着"咯噔、咯噔"的节奏，面便被切成菱形小片。

待到水开后，就可以把面下到锅里文火温煮，等到面熟之时，再将"腊八菜"倒进锅里，稍稍加温，色、香、味俱佳的"腊八面"便可出锅了。

（2）泡腊八蒜

北方民间腊八节还有泡腊八蒜的习俗。腊八蒜的制作工艺十分简单，就是醋加大蒜瓣儿，但是选料却很考究，必须是紫皮蒜和米醋，因为紫皮蒜瓣小才泡得透，蒜瓣也就更硬崩瓷实，泡出来的蒜才会又脆又香；而米醋色淡，泡过的蒜色泽如初，橙黄翠绿，口感酸辣适度，香气浓而微甜，若用老醋熏醋来泡蒜，不但蒜瓣色泽发黑，口感也很差。

腊八节这天，人们会围聚在一起剥蒜瓣，将剥了皮的蒜瓣儿浸入米醋中，放到一个装满醋的坛子里，然后将坛子封严放到一个较冷的地方储存起来，直至除夕这天才能启封。启封后，那蒜瓣看起来湛青翠绿，尝起来辣味儿也去掉了许多，不仅蒜瓣可人，那泡蒜的醋闻起来也隐隐带着蒜香，"醋味甚美"，乡民们亲切地称之为"腊八醋"。和着辣蒜香醋，家人们就着香喷喷、热腾腾的饺子、麻辣香甜的凉拌菜一起享用，真是别有一番滋味在心头。

关于腊八蒜的习俗，还流传着这样一种说法。腊八蒜的蒜字，与"算"同音，因为腊月过后就是年关，各家商号都要在腊月初八这天拢账，把这一年的收支盈亏清算出来，所以商人们都把这天叫做"腊八算"。而清算账务时，债主们往往又不好意思在家家户户都欢迎新春的时候，直接跑到别人家里大煞风景地去讨债，于是债主便会送给欠债人一坛腊八蒜，提醒欠债人该"算账"啦。而欠债的人收到了腊八蒜自然心照不宣，知道有人要来讨账了，于是便会准备好钱财，准备清偿债务。北方民间于是就流传这样一首民谣："腊八粥、腊八蒜，放账的送信儿，欠债的还钱。"

腊八蒜作为北方民俗的经济符号之一，还有一个有趣儿的说法，那就是虽然都要吃腊八蒜，却从来没有货郎叫卖此物，这是为什么呢？原来，货郎贩卖商品时都会吆喝，如果卖腊八蒜的话，就得喊"腊八蒜来！"欠债的人听见吆喝心里咯噔一下，怎么街上还有喊着催债的！再说了，你一个做小买卖的跟谁算哪！人家不跟你算就不错了，所以腊八蒜不能下街吆喝，都是一家一户自己动手泡腊八蒜，自己先给自己算算，今年这个年怎么过。

（3）腊八豆腐

腊八豆腐是安徽黟县民间风味特产，每年腊八前后，黟县家家户户都要用上等小黄豆做成豆腐，并切成圆形或方形的块状，然后抹上盐水，在上部中间挖一小洞，放入适量盐水，再用草绳悬挂在通风处，将其置于冬日温和的太阳下慢慢烤晒，使盐分逐渐吸入，水分也渐晒干，一般可晾放三个月不变质、变味。这种自然晒制而成的豆腐被称作"腊八豆腐"。

做好的腊八豆腐成品色泽黄润如玉，入口松软，咸中透甜，又香又鲜。如在晒制时加入虾米等辅料，则更加美味。它既可以单独成菜，也可与肉类搭配，或炒或炖，都是美味。招待贵宾时，黟县人还将其雕刻成动物、花卉的模样，淋上麻油，拌上葱姜蒜等作料，配成冷盘，成为酒宴佳肴。

（4）煮五豆

相传宋朝欧阳修不得志时，以卖文写字为生。一日遇一李姓员外女抛彩选婿，欧阳修无意间竟然中彩，李小姐见欧阳修文质彬彬，颇有儒雅之气，于是芳心暗许。谁知李员外嫌贫爱富，几欲悔婚，李小姐一怒之下离家出走，毅然下嫁于欧阳修。婚后夫唱妇随，欧阳修把卖文得来的钱交给妻子掌管，而妻子也节衣缩食，勤俭持家，每天早上仅以豆子稀饭果腹充饥。苦日子熬到皇王开科，妻子取出平日攒下的银子给欧阳修作赶考的盘缠。欧阳修不禁纳闷：自家素来清贫，银从何来？妻子说这些钱财均是每日吃豆子稀饭省下的。

后来，欧阳修金榜题名做了官，日渐位高名重。妻子担心欧阳修会忘了根本，于是便在腊月初八这天给他煮了一顿五种豆子的稀饭。欧阳修一尝，连说："难吃！难吃！"妻子接着就讲述了过去经历的苦难。欧阳修深感妻贤，就给家中立下规矩，每年腊月初八吃五豆粥。

有了欧阳修这样一个优秀的榜

样，腊八"煮五豆"的风习不胫而走，人们谁不希望自己的子女能如欧阳修一样刻苦读书，文采馥郁，福禄亨通，而且又具备富不忘贫、贵不忘本的美德，于是腊八这天"煮五豆"的习俗就传开了。关于这"煮五豆"还有种新鲜做法，用面捏些"雀儿头"，和着米、豆同煮，据说，腊八这天吃了"雀儿头"，麻雀就会头痛，来年便不会来危害庄稼了。煮的这种"五豆"，如腊八粥一样，除了自食，也赠予亲邻。

（5）制腊八豆

腊八豆是我国湖南的传统食品之一，已有数百年历史，相传当地民间在腊八节这天便开始煮豆腌制，直到来年才吃。因一般在腊月八日腌制，故称之为"腊八豆"。其成品具有一种特殊的香味，且异常鲜美，备受人们喜爱。

腊八这天，湖南人便会把黄豆洗净，撇除空皮残粒，加水下锅煮熟炖软，捞出摊凉后放在专门的布袋内，四周用稻草或棉絮围上保温，放在20℃左右的地方。约2—3天后，黄豆发烫，发酵长出白霉，这时便将其捞出装在钵子里，加入原来的煮豆水，再加配料，一起拌匀，最后把拌匀的黄豆装入坛内，封严坛口，10天后即可取食。腊八豆还可配做多种菜肴，蒸、煮、炒、炸均可，不管荤素食法都堪称佐餐美味。

（6）吃冰藏冰

过去在有些地方，腊八还有吃冰的习俗。腊八的前一天，人们会用钢盆舀水放在屋外，让水结成冰块，等到第二天就把冰敲碎了拿来吃，因为据说如果腊八节这天吃了冰，往后的一年都不会肚子疼。

藏冰也是古代所特有的一种习俗，有关腊八藏冰的说法最初是在明朝，据传在腊八前几天，人们就会用铁锥把冰凿成长二尺、宽尺许见方的冰块，在腊八节时将其藏入特制的冰窖中，然后将冰窖封固起来，留到夏天使用。现在北京还有个地名叫做冰窖胡同，老人们说，这就是过去藏冰的地方。

《春明采风志》上曾提到，苏州商人每年在最严寒时蓄水制冰，并于腊月藏冰，贮于冰窖（就是冰窖），来年六月出卖，为鱼类保鲜之用。而尤倬的《冰窖歌》也从侧面反映了我国古代藏冰的习俗："我闻古之凌阴备祭祀，今何为者唯谋利。君不见葑溪门外二十四，年年特为海鲜置。潭深如井屋高山，潋水四面环冰田。孟冬寒至水生骨，一片玻璃照澄月。窖户重裘气扬扬，指挥打冰众如狂。穷人爱钱不惜命，赤脚踏冰寒割胫……堆成冰山心始快，来岁鲜多十倍卖。海鲜不发可奈何，街头六月凉冰多。"这首颇有唐乐府之风的诗歌记述了古人藏冰的用途、冰窖的形状、窖主的富贵跋扈、穷人的冒寒采冰等情景，可见采冰藏冰之利之盛。另外据说，临近冻冰时，各冰窖主人还会以五十二两重的元宝，贿赂昆明湖管水人提闸放水，以加厚冰窖的冰层。

　　此外，腊八这天各地还有很多不同的风俗。

　　在陕北高原，熬粥除了用多种米、豆之外，还得加入各种干果、豆腐和肉混合煮成。吃完以后，还要将粥涂抹在门上、灶台上及门外树上，以驱邪避灾，迎接来年的农业大丰收。据说，把腊八粥涂到果树上，目的是让果树来年多结果子。民间有顺口溜：大树小树吃腊八，来年多结大疙瘩。而且，陕北腊八这天忌吃菜。如果这天吃菜的话，庄稼地里就会杂草多。在关中地区，腊八习俗颇有特色。富平县的农家，这一天要酿酒，名曰"腊脚"；长安县在这天要煮肉糜，抛洒在花木之上，谓之"不歇枝"；乾县、礼泉一带，讲究腊八节要给老人送粥，女儿家要请新女婿吃粥；凤翔一带则是用黄米和八种豆子，加上油盐做一顿腊八焖饭；铜川地区的农村，在这天还流传着为幼男幼女剃头理发的习惯。

　　在甘肃武威地区讲究过"素腊八"，吃大米稠饭、扁豆饭或是稠饭，煮熟后配炸散子、麻花同吃，民俗叫它"扁豆粥泡散"。宁夏人煮腊八粥时，还要再加上用麦面或荞麦面切成菱形柳叶片的"麦穗子"，或者是做成小圆蛋的"雀儿头"，出锅之前再加入葱花油。而同为西北的青海西宁人腊八节却不喝粥，而是吃麦仁饭。腊月初七晚上将新碾的麦仁，与牛羊肉同煮，加上青盐、姜皮、花椒、草果、茴香等作料，经一夜文火煮熬，肉、麦交融成乳糜状，麦仁饭异香扑鼻，十分可口，这自然是与当地的少数民族饮食习惯有关。

五、文人墨客多歌颂，古今佳作咏腊八

节日带给人们的不应只是浓烈的色彩和欢腾的气氛，更重要的是那些充满象征意味的文化符号，以及蕴涵其中的文化魅力。中国的传统节日形式多样，内容丰富，是我们中华民族悠久历史文化的一个组成部分。传统节日的形成过程，是一个民族或国家的历史文化长期积淀凝聚的过程。同时，我国又是一个诗歌十分发达的文明古国，历代有关传统节日的诗词曲层出不穷，异彩纷呈，令人叹为观止。它仿若一条鲜明的轨迹，贯穿始终，例如中秋节、元宵节等。下面我们就来检视、涵咏那些关于腊八的诗词文字，借此还原一幅幅清晰、生动的腊八风俗画。

（一）古人笔下的腊八

我国古代的腊八诗文大致涉及到了腊八的祭、礼、会、猎、游、食等诸多方面。在古代，腊日要祭祀先祖和神灵，场面盛大。《礼记·杂记下》说子贡看到蜡祭的人们"皆若狂"。郑玄解释说蜡祭是"索飨之祭"，民众会饮，"于是时民无不醉者如狂"。会饮期间，要向神灵、尊长敬酒，还要"修刺贺君、师、耆老"。我们来看看比较早的一首腊八诗，是晋代裴秀的四言诗《大腊》：

日躔星记，大吕告晨。玄象改次，庶众更新。岁事告成，八腊报勤。告成伊何，年丰物阜……饮飨清祀，四方来绥……摻袯成幕，连衽成帷。有肉如丘，有酒如泉。有肴如林，有货如山。率土同欢，和气来臻。祥风协调，降祉白天。方隅清谧，嘉祚日廷。与民优游，享寿万年。

这首郊庙歌辞保留着《诗经》颂诗的遗韵，质朴清晰，描述了一派古人腊祭的情景，其中"摻袯成幕，连衽成帷。有肉如丘，有酒如泉。有肴如林，有

货如山。率土同欢，和气来臻"几句，更是把腊日祭祀和会饮的盛况刻画得淋漓尽致，仿若一幅活生生的祭祀画卷。

北齐的魏收的《腊节》诗："凝寒迫清祀，有酒宴嘉平。宿心何所道，藉此慰中情。"我们知道，腊祭已值年末，诗人这首诗没有裴秀的铺陈，而重在表达祭祀后酒宴上的百感交集，文短情真，很蕴藉。魏收作为南北朝文学史上的"北地三杰"之一，其汉文化功底、诗歌成就都是北朝出类拔萃的代表。北朝是少数民族政权，这首诗也可看出北朝统治者对汉文化祭祀风俗的学习，这也见证了南北朝时期是我们中华民族融合的关键时期。

腊日岁尾，一年的事儿都将告一段落，所以人们不免生出闲逸之情。让我们回到国势空前隆盛的唐朝，看看一代女皇武则天的腊日行程安排："明朝游上苑，火急报春知。花须连夜发，莫待晓风吹。"（《腊日宣诏幸上苑》）这首类同公文的诗从技巧上或许并无过人之处，但女皇的春风得意、君临天下的霸气却令人震撼。想想武则天号令牡丹移居东都洛阳的传说，唐皇室有这么一个能号令天地、旨下青神的女强人，那以周代唐的圣举就可以理解了。大诗人杜甫是中国士大夫的典范，他常怀"致君尧舜上，再使风俗淳"的政治理想，然而造化弄人，所谓"文章憎命达，魑魅喜人过"，他一生飘零，唯一一段还算得意的政治生涯就是他曾短暂地出任肃宗的左拾遗。这首《腊日》诗即写于此时："腊日常年暖尚遥，今年腊日冻全消。侵凌雪色还萱草，漏泄春光有柳条。纵酒欲谋良夜醉，还家初散紫宸朝。口脂面药随恩泽，翠管银罂下九霄。"

腊日依然寒冷，但诗人已经感觉到春的讯息，他敏锐地感知到了经冬的草色和生意重萌的柳条，这是天从人意还是诗人醉眼呢，不管怎样，我们能够理解难得适意的政治生活给诗人带来的好心情。"纵酒欲谋良夜醉，还家初散紫宸朝"，描述的是诗人参加了皇帝的腊日朝会，这也透露给我们唐朝时皇帝、朝臣过腊日的习俗。其实从汉代起，腊日朝廷就曾有举行朝会的先例，只是到唐朝更为流行。朝会上有两项活动：一是"会饮"，二是"腊赐"。"会饮"即相聚饮酒；"腊赐"，则是君长赏赐臣下牛

羊、粳米等食品。《文昌杂录》记载："唐岁时节物：腊日则有口脂、面药、澡豆。"所以腊赐之物还包括头膏、口脂、面脂等化妆品，红雪、紫雪、小散、大散等药物。杜甫在诗中就写了腊日会饮的酣畅和腊赐的感恩。

过了腊八已离春天不远，所以诗人们写到春意、春讯的不少。白居易的《腊后岁前遇景咏意》写道："海梅半白柳微黄，冻水初融日欲长。度腊都无苦霜霰，迎春先有好风光。郡中起晚听衙鼓，城上行慵倚女墙。公事渐闲身且健，使君殊未厌余杭。"这是香山居士在杭州做官时的诗作。上有天堂下有苏杭，天堂的美景再动人，也无法取代诗人心中的洛阳，不过这腊日后的好风光还是给诗人带来了好心情。"海梅半白柳微黄"，这只能是属于江南早春的景色；"城上行慵倚女墙"，写出了诗人岁末公事渐闲后，散步寻春的闲适和雅致，难怪香山居士自号"乐天"，他这种随遇而安的心态值得我们学习。

宋代大诗人陆游有一首《十二月八日步至西村》："腊月风和意已春，时因散策过吾邻。草烟漠漠柴门里，牛迹重重野水滨。多病所须唯药物，差科未动是闲人。今朝佛粥交相馈，更觉江村节物新。"如果说白居易的诗给我们展现的是腊日城市的风光，那么陆游这首则是农村的秀色，"草烟漠漠柴门里，牛迹重重野水滨"，多么安详的农村生活，而伴着春天的临近，春耕已经开始，牛已经开始了新一年的耕作。"今朝佛粥交相馈，更觉江村节物新"，诗里还记录了腊日里人们互赠、食用腊八粥的情景，这场面让多病的诗人倍感村居的亲切和温馨，这算是物质并不丰富的古人生活中的一点温暖吧。

唐宋诗人常会写到腊日狩猎，看来这古老的习俗在唐宋依然盛行。中唐诗人姚合有一首《腊日猎》，描写了腊日在江边围猎的场景，冬日的寒冷与射猎的雄壮相反相成，表达了猎者的健劲与豪情。而"蜡节畋游非为己，莫惊刺史夜深归"也道出了腊日围猎以作祭祀的风俗，而不让刺史知道打猎或许是诗人在分赠猎物时想给刺史大人带去更多的惊喜吧。宋人韩琦的《腊日出猎近郊》细致描画了狩猎的情景："飞走审伏不得暇，狡兔幸生犹奋掷。饥鹰眼捷翅头健，

中国传统节日

下轹风发无虚搦。鹘拳交击或未仆，继嗾韩卢追以咋。"而颇有意味的是同为中唐诗人的卢纶留下的一首《腊日观咸宁王部曲娑勒擒豹歌》，腊日狩猎的活动，诗人没有亲历亲为，却参与了一场宴会，记录下了席间的一首狩猎歌："山头瞳瞳日将出，山下猎围照初日。前林有兽未识名，将军促骑无人声，潜形跧伏草不动，双雕旋转群鸦鸣。阴方质子才三十，译语受词蕃语揖。舍鞍解甲疾如风，人忽虎蹲兽人立。歘然扼颡批其颐，爪牙委地涎淋漓。既苏复吼拗仍怒，果协英谋生致之。拖自深丛目如电，万夫失容千马战。传呼贺拜声相连，杀气腾凌阴满川。"伶伎出色的表演让人有种身临其境的现场感，将军刀马纯熟、力能擒豹，可见其英勇气概。而值得关注的是，这种欣赏狩猎歌曲的宴会是不是狩猎习俗的演化呢。

腊八粥也是诗人笔下常见的素材。明人张方贤的《煮粥诗》写到："煮饭何如煮粥强，好同儿女细商量。一升可作二升用，两日堪为六日粮。有客只须添水火，无钱不必问羹汤。莫言淡薄少滋味，淡薄之中滋味长。"诗人用诙谐轻松的语调告诉了我们一个节约粮食、勤俭持家的古训，可谓个中滋味长啊。而清人李福的《腊八粥》可谓借"粥"言志抒怀，更多的是对清朝荒政、百姓饥馁的揭露和控诉，表达了诗人忧国忧民的赤子之心："吾家住城南，饥民两寺集。男女叫号喧，老少街衢塞。失足命须臾，当风肤迸裂。怯者蒙面走，一路吞声泣。问尔泣何为，答之我无得。此景望见之，令我心凄恻。"腊月寒冬，僧粥无得，凄凄惨惨，令人动容。而诗人接着说："荒政十有二，蠲赈最下策。"则体现出一个士人深刻的政治见解，解决百姓疾苦要勤政爱民而非一时的赈济。

可见，腊八节在古代如此受欢迎，是与古时社会经济发展状况紧密相连的。腊八粥在当时可以挽救穷苦百姓的性命，在数千年的封建社会中，温饱问题一直是官方和民间关注的头等大事。

（二）今人笔下的腊八

现代写及腊八的文字更多，兹撷取两篇名家名作，或许有助于我们重温这腊八文化的味道。

沈从文的《腊八粥》写于 1925 年

的北京，富于浓厚的北方民俗风情。

初学喊爸爸的小孩子，会出门叫洋车了的大孩子，嘴巴上长了许多白胡胡的老孩子，提到腊八粥，谁不口上就立时生一种甜甜的腻腻的感觉呢。把小米，饭豆，枣，栗，白糖，花生仁儿合并拢来糊糊涂涂煮成一锅，让它在锅中叹气似的沸腾着，单看它那叹气样儿，闻闻那种香味，就够咽三口以上的唾沫了，何况是，大碗大碗地装着，大匙大匙朝口里塞灌呢！

住方家大院的八儿，今天喜得快要发疯了。一个人出出进进灶房，看到那一大锅正在叹气的粥，碗盏都已预备得整齐摆到灶边好久了，但他妈总说是时候还早。

他妈正拿起一把锅铲在粥里搅和。锅里的粥也像是益发浓稠了。

"妈，妈，要到什么时候才……"

"要到夜里！"其实他妈所说的夜里，并不是上灯以后。但八儿听了这种松劲的话，眼睛可急红了。锅子中，有声无力的叹气正还在继续。

"那我饿了！"八儿要哭的样子。

"饿了，也得到太阳落下时才准吃。"

饿了，也得到太阳落下时才准吃。你们想，妈的命令，看羊还不够资格的八儿，难道还能设什么法来反抗吗？并且八儿所说的饿，也不可靠，不过因为一进灶房，就听到那锅子中叹气又像是正在呻唤的东西，因好奇而急于想尝尝这奇怪东西罢了。

"妈，妈，等一下我要吃三碗！我们只准大哥吃一碗。大哥同爹都吃不得甜的，我们俩光吃甜的也行……妈，妈，你吃三碗我也吃三碗，大哥同爹只准各吃一碗；一共八碗，是吗？"

"是呀！孥孥说得对。"

"要不然我吃三碗半，你就吃两碗半……""卜……"锅内又叹了声气。八儿回过头来了。

比灶矮了许多的八儿，回过头来的结果，亦不过看到一股淡淡烟气往上一冲而已！

锅中的一切，这在八儿，只能猜想……栗子会已稀烂到认不清楚了罢，赤饭豆会煮得浑身透肿成了患水臌胀病那样子了罢，花生仁儿吃来总已是面东东的了！枣子必大了三四倍——要是真的干红枣也有那么大，那就妙极了！糖若作多了，它会起锅巴……"妈，妈，你抱我起来看看罢！"于是妈就如八儿所求的把他抱了起来。

"恶……"他惊异得喊起来了，锅中的一切已进了他的眼中。

这不能不说是奇怪呀，栗子跌进锅里，不久就得粉碎，那是他知道的。他曾见过跌进到黄焖鸡锅子里的一群栗子，不久就融掉了。赤饭豆害水臌肿，那也是往常熬粥时常见的事。

花生仁儿脱了他的红外套，这是不消说的事。锅巴，正是围了锅边成一圈。总之，一切都成了如他所猜的样子了，但他却不想到今日粥的颜色是深褐。

"怎么，黑的！"八儿还同时想起染缸里的脏水。

"枣子同赤豆搁多了。"妈的解释的结果，是捡了一枚特别大得吓人的赤枣给了八儿。

虽说是枣子同饭豆搁得多了一点，但大家都承认味道是比普通的粥要好吃得多了。

夜饭桌边，靠到他妈斜立着的八儿，肚子已成了一面小鼓了。如在热天，总免不了又要为他妈的手掌麻烦一番罢。在他身边桌上那两只筷子，很浪漫地摆成一个十字。桌上那大青花碗中的半碗陈腊肉，八儿的爹同妈也都奈何它不来了。

"妈，妈，你喊哈叭出去了罢！讨厌死了，尽到别人脚下钻！"

若不是八儿脚下弃的腊肉皮骨格外多，哈叭也不会单同他来那么亲热罢。

这段节选的文字中写出了八儿家熬腊八粥的情景，沈从文以他清冽婉转得如沱江水一样的叙事口吻给我们展现了20世纪20年代北方人过腊八的风俗。"把小米，饭豆，枣，栗，白糖，花生仁儿合并拢来糊糊涂涂煮成一锅"，这不就是我们前面介绍的北方的腊八粥吗，让大人、小孩都馋涎欲滴的腊八粥，和今天比，今天的物质条件更丰富，而那时的腊八氛围却显得更浓一些，更温馨，让人期待。"夜饭桌边，靠到他妈斜立着的八儿，肚子已成了一面小鼓了"。"桌上那大青花碗中的半

碗陈腊肉"，可见，这八儿家若不是大富大贵，也自是衣食无忧的小康之家，这比起佛家施舍的"福寿粥"来，少的是心酸，多的是幸福。

冰心的《腊八粥》写于 1979 年。

从我能记事的日子起，我就记得每年农历十二月初八，母亲给我们煮腊八粥。这腊八粥是用糯米、红糖和十八种干果掺在一起煮成的。干果里大的有红枣、桂圆、核桃、白果、杏仁、栗子、花生、葡萄干等等，小的有各种豆子和芝麻之类，吃起来十分香甜可口。母亲每年都是煮一大锅，不但合家大小都吃到了，有多的还分送给邻居和亲友。

母亲说："这腊八粥本来是佛教寺煮来供佛的——十八种干果象征着十八罗汉，后来这风俗便在民间通行，因为借此机会，清理厨柜，把这些剩余杂果，煮给孩子吃，也是节约的好办法。"最后，她叹一口气说："我的母亲是腊八这一天逝世的，那时我只有十四岁。我伏在她身上痛哭之后，赶忙到厨房去给父亲和哥哥做早饭，还看见灶上摆着一小锅她昨天煮好的腊八粥，现在我每年还煮这腊八粥，不是为了供佛，而是为了纪念我的母亲。"

我的母亲是1930年1月7日逝世的，正巧那天也是农历腊八！那时我已有了自己的家，为了纪念我的母亲，我也每年在这一天煮腊八粥。虽然我凑不上十八种干果，但是孩子们也还是爱吃的。抗战后南北迁徙，有时还在国外，尤其是最近的十年，我们几乎连个"家"都没有，也就把"腊八"这个日子淡忘了。

今年"腊八"这一天早晨，我偶然看见我的第三代几个孩子，围在桌旁边，在洗红枣，剥花生，看见我来了，都抬起头来说："姥姥，以后我们每年还煮腊八粥吃吧！妈妈说这腊八粥可好吃啦。您从前是每年都煮的。"我笑了，心想这些孩子们真馋。我说："那是你妈妈们小时候的事情了。在抗战的时候，难得吃到一点甜食，吃腊八粥就成了大典。现在为什么还找这个麻烦？"他们彼此对看了一下，低下头去，一个孩子轻轻地说："妈妈和姨妈说，您母亲为了纪念她的母亲，就每年煮腊八粥，您为了纪念您的母亲，也每年煮腊八粥。现在我们为了纪念我们敬爱的周总理，周爷爷，我们也要每年煮腊八粥！这些红枣、花生、栗子和我们能凑来的各种豆子，不是代表十八罗汉，而是象征着我们这一代准备走上各条战线的中国少年，大家紧紧地、融洽地、甜甜蜜蜜地团结在一起……"他一面从口袋里掏出一小张叠得很平整的小日历纸，在1976年1月8日的下面，印着"农历乙卯年十二月八日"字样。他把这张小纸送到我眼前说："您看，这是妈妈保留下来的。周爷爷的忌辰，就是腊八！"我没有说什么，只泫然地低下头去，和他们一同剥起花生来。

冰心以她女性的细腻和特有的爱之心给我们留下了深情的腊八记忆，它给我们带来的感动有二：一是亲情的感恩，一代一代传承下来的腊八粥，已不是简单的节日风俗，而更多了追忆母爱的深挚；二是时代的进步发展让人觉得今日幸福的珍贵，"抗战后南北迁徙，有时还在国外，尤其是最近的十年，我们几乎连个'家'都没有，也就把'腊八'这个日子淡忘了"。有了曾经的流离失所，更显得和平时代的安宁祥和。文学是时代的文学，作者在1979年的文字中写到周总理，这是耐人寻味的，作为文章的落脚点，我们要理解的不是冰心的时新，而是她一如既往的文字里所包涵的真与善，勇敢和坚持，于此看，这结尾是意味深长的。

老舍是满族人，他的《北京的春节》京味十足，其中也有一段写及腊八的文字：

按照北京的老规矩，过农历的新年（春节），差不多在腊月的初旬就开头了。"腊七腊八，冻死寒鸦。"这是一年里最冷的时候。可是，到了严冬，不久便是春天，所以人们并不因为寒冷而减少过年与迎春的热情。在腊八那天，人家里，寺观里，都熬腊八粥。这种特制的粥是祭祖祭神的。可是细一想，它倒是农业社会的一种自傲的表现——这种粥是用所有的各种的米，各种的豆，与各种的干果（杏仁、核桃仁、瓜子、荔枝肉、莲子、花生米、葡萄干、菱角米……）熬成的。这不是粥，而是小型的农业展览会。

腊八这天还要泡腊八蒜。把蒜瓣在这天放到高醋里，封起来，为过年吃饺子用的。到年底，蒜泡得色如翡翠，而醋也有了些辣味，色味双美，使人要多吃几个饺子。在北京，过年时，家家吃饺子。

从腊八起，铺户中就加紧地上年货，街上加多了

货摊子——卖春联的、卖年画的、卖蜜供的、卖水仙花的等等都是只在这一季节才会出现的。这些赶年的摊子都教儿童们的心跳得特别快一些。在胡同里，吆喝的声音也比平时更多更复杂起来，其中也有仅在腊月才出现的，像卖历书的、松枝的、薏仁米的、年糕的等等。

在有皇帝的时候，学童们到腊月十九日就不上学了，放年假一月。儿童们准备过年，差不多第一件事是买杂拌儿。这是用各种干果（花生、胶枣、榛子、栗子等）与蜜饯掺和成的，普通的带皮，高级的没有皮——例如：普通的用带皮的榛子，高级的用榛瓤儿。儿童们喜吃这些零七八碎儿，即使没有饺子吃，也必须买杂拌儿。他们的第二件大事是买爆竹，特别是男孩子们。恐怕第三件事才是买玩意儿——风筝、空竹、口琴等——和年画儿。

儿童们忙乱，大人们也紧张。他们须预备过年吃的使的喝的一切。他们也必须给儿童赶做新鞋新衣，好在新年时显出万象更新的气象。

老舍是京派作家的代表，而他又是满族。一个很有趣的事儿是，常常满族人比汉族人更注重传统文化，这就是有些人说的，满族人比汉族人还汉族人，这跟清王朝三百年的文化统治和满族的文化心理有关，所以你看，老舍先生笔下的节令风俗，细致全面，生动新鲜，可谓原汁原味，是一篇很好的腊八文化教材。现在朋友们有机会到北京，可以去首都博物馆的老北京民俗展厅看看，那里的腊八文化一定会让你眼界大开。

中国传统节日文化源远流长，绵延数千年而不衰，近来虽受到外来文化的冲击而不断弱化，但其内在的文化意蕴和民族精神一直发挥着广泛而持久的影响，以腊八为代表的传统节日是我们优秀民族文化的重要载体和集中展示方式，是根植于民间的文化瑰宝。保护好它们，能够增强民族向心力和凝聚力，能够促进人与自然的和谐，从而产生构建和谐社会的巨大文化能量。